Meditaciones para niños

Meditaciones para niños

¡Un tesoro de sabiduría bíblica para
la hora de la devoción familiar!

Kenneth N. Taylor

Autor de *La Biblia en cuadros para niños*

PORTAVOZ

Meditaciones para niños, de Kenneth N. Taylor. ©1982 por Moody Bible Institute, Chicago, Illinois 60610, y publicado en 1985 con permiso por Editorial Portavoz, filial de Kregel Publications, Grand Rapids, Michigan 49501. Todos los derechos reservados.

EDITORIAL PORTAVOZ
P.O. Box 2607
Grand Rapids, Michigan 49501 USA
Visítenos en: www.portavoz.com

ISBN 978-0-8254-0523-5

1 2 3 4 5 edición / año 16 15 14 13 12

Impreso en los Estados Unidos de América
Printed in the United States of America

CONTENIDO

UNA PALABRA A PAPA Y MAMA

Este no es un libro de historietas bíblicas, sino un libro de doctrina para niños, un libro que dice lo que la Biblia afirma sobre el pecado, sobre el Cielo, sobre el Señor Jesús y sobre otros muchos temas importantes de la Biblia.

Este es un libro escrito especialmente para los niños; su vocabulario es sencillo y esperamos que sus ideas sean claras.

Hay muchos libros de historietas bíblicas, pero los niños necesitan doctrina también, y libros de doctrina escritos de la manera que pueden entender los niños han sido casi desconocidos hasta ahora. Los niños necesitan entender lo que la Biblia enseña tanto como escuchar las historias marvillosas y llenas de verdad que contiene. La verdad y el significado de las historias deben combinarse con todo lo demás que dice la Biblia, y los resultados expresados en forma sencilla, breve e interesante.

Creemos que este libro será entendido por los niños de siete años de edad y que el interés se mantendrá hasta para niños de doce años.

Este libro debe acompañar cualquier buen libro de historietas bíblicas. Ambos son necesarios. Ninguno es suficiente de por sí. Ninguno, tampoco, ocupa el lugar de la Biblia misma. Los niños del Departamento Primario pueden por lo general leer el Evangelio según San Marcos o San Juan, si los padres los animan a ello.

Pero mientras que el niño está aprendiendo a leer las Escrituras, necesita también ir posesionándose de las grandes verdades de la Biblia como pivotes o centros en torno de los cuales se centre y relacione todo lo que lee.

El niño fortalecido de esta manera puede permanecer firme ante cualquier asalto intelectual de los años venideros. Las verdades de las Escrituras se convierten en amigos familiares en vez de ser figuras nebulosas o conocimientos vagos cuya ayuda es nula en tiempos de necesidad.

La Palabra de Dios es un tónico vigoroso y una fortaleza. Esa Palabra se expresa en este libro en forma inteligible para los niños. La carne de la Palabra está cortada en pedacitos finos para que los niños puedan comerla; pero sigue siendo carne, carne de la mejor calidad, alimento sólido del cual todos pueden nutrirse.

Se ha sugerido que uno de los usos principales de este libro sea que su contenido se emplee para el culto familiar cotidiano. Otro, sugerido también por muchos lectores de la primera edición, es que puede servir muy bien para maestros de Escuela Dominical y para los que tienen bajo su responsabilidad la dirección de los niños en la iglesia.

Cabe una palabra de explicación para los padres en cuanto a las oraciones que vienen al final de cada una de estas meditaciones. Pueden omitirlas fácilmente aquellos que no deseen usarlas o que sientan que las oraciones escritas no son propias; pero se espera que los que no tengan tales escrúpulos las encuentren valiosas. En ningún caso deben considerarse como totalmente adecuadas para el culto de familia. Cada miembro de la familia debe orar al final de cada período devocional.

Estas meditaciones o lecciones deben usarse más de una vez. Spurgeon nos dice que al plantar frijoles la antigua costumbre era poner tres en cada hoyo; uno para el gusano, otro para las aves, y uno para que viviera y produjera fruto. Al enseñar a los niños debemos darles línea tras línea y precepto tras precepto, y repetirles la verdad que deseamos que aprendan hasta que sea imposible que la olviden.

Meditaciones

1

HAY SOLAMENTE UN DIOS

E N ALGUNOS PAISES, donde no han leído la Biblia y no saben mucho de Dios, hay muchas personas que piensan que hay varios dioses. Algunas creen que hay dos; otras, que hay cuatro; y hay quienes piensan que los dioses son cien o más.

En algunos lugares creen que el sol es un dios y que también la luna lo es. Por eso se inclinan delante de ellos y a veces oran al sol pidiéndole que los cuide y los ayude.

¿Puede ayudarnos el sol o la luna? No, porque no tienen vida; no son personas para que puedan ayudarnos. Tanto el sol como la luna son cosas que Dios ha hecho para darnos luz y calor, y para que nos gocemos con ellos. No son dioses, sino que Dios es quien los hizo. No debemos orar a las cosas que Dios ha hecho, sino solamente a Dios mismo.

¿Debemos dirigir nuestras oraciones a los ángeles? ¿Son dioses? No, los ángeles son seres mismo, donde no podemos verlos; pero no debemos dirigir nuestras oraciones a ellos. Los ángeles no son dioses; son ayudantes de Dios, y es para eso que Dios los hizo.

Los ángeles aman a Dios, y hay tantos que ni siquiera podemos imaginar cuántos son. La mayor parte de ellos están en el Cielo dando gracias y alabando a Dios, y diciéndole lo contentos que se sienten de poder servirle.

¿Hay en el Cielo otros dioses aparte de nuestro Dios? No. Dios ha hecho todo lo que hay, y El no hizo a ningún otro dios. Esa es la razón por que El está enojado con los que oran a otra persona alguna aparte de El. También está enojado con los que prefieren cualquier otra cosa en vez de amarle a El.

Nosotros debemos amar a Dios aun más que amamos a mamá, o a papá, o las muchas cosas buenas que tenemos. Dios nos dio los padres y las cosas buenas. Debemos, pues, amar a Dios más que todo.

Un día un ministro quiso saber si una niñita había entendido que hay solamente un Dios. Le preguntó: "Catalina, ¿cuántos dioses hay?"

La niña respondió: "Hay solamente uno."

"¿Y cómo lo sabes?" le dijo el ministro.

"Porque," contestó la niña, "solamente hay lugar para un solo Dios. El llena el Cielo y la tierra."

Y aquella niñita tenía razón.

*   *   *   *   *

ALGO QUE LEER DE LA BIBLIA:
   Exodo 20:1-6
PREGUNTAS:
   1.   ¿Cuántos dioses hay?
   2.   ¿Pueden oirnos el sol y la luna cuando oramos?
   3.   ¿Debemos orar a los ángeles? ¿Son ellos dioses?

ORACION:

Nuestro Padre celestial, te damos gracias porque Tú eres el único y solo Dios, que Tú eres más grande que cualquier otra cosa arriba en el Cielo o abajo en la tierra. Ayúdanos a amarte con todo nuestro corazón y a servirte solamente a Ti. Te lo pedimos en el nombre de Jesús. Amén.

UN HIMNO QUE CANTAR:

¡Gloria a Dios en las alturas,
Que mostró su gran amor!
Dando a humanas criaturas
Un potente Salvador.
Con los himnos de los santos
Hagan coro nuestros cantos
De alabanza y gratitud
Por la divina salud,
Y digamos a una voz:
¡En los cielos gloria a Dios!

2

¿QUIEN ES DIOS?

HAY MUCHAS COSAS que necesitamos saber. Necesitamos saber leer y escribir; necesitamos saber aritmética y geografía. Pero hay algo mucho más importante que la lectura, la escritura, la aritmética y la geografía. ¿Saben ustedes qué cosa es? Se lo voy a decir. Lo que más necesitamos saber es lo de Dios. Esto es tan importante porque fue Dios quien nos dio la vida; y si ustedes no saben nada de Dios, no sabrán lo que El quiere que hagan.

¿Quién es Dios? Dios es una Persona que vive en un lugar muy hermoso llamado Cielo. No sabemos exactamente dónde se encuentra el Cielo, pero creemos que está mucho más allá de las estrellas. Es un lugar donde todos quisiéramos vivir, y si conocemos a Dios y le amamos, entonces podemos ir a estar con El y con los ángeles buenos en el Cielo cuando muramos. Esa es otra razón por la cual nos es tan importante saber lo de Dios.

¿Quieren ustedes que les diga algo más acerca de El? ¿Saben ustedes que Dios es Espíritu? Eso quiere decir que es una Persona sin cuerpo. Ustedes y yo tenemos cuerpo y nuestro espíritu está dentro del cuerpo; pero Dios no tiene necesidad de un cuerpo.

Dios es realmente una Persona muy maravillosa. Es amable y bueno. El nunca hace nada malo. Y es tan grande y tan poderoso que puede hacer cualquier cosa que quiera. El hizo el mundo, el pasto, el cielo, el sol, la luna y las estrellas. Hizo a los ángeles y nos hizo a ustedes y a mí. El hizo todas las cosas. El manda el trueno, el relámpago y la lluvia. Cuando llega la primavera con sus lindas flores y cielos azules, es porque Dios lo planea así.

¿Dónde está Dios? Ya hemos aprendido que está en el bello país del Cielo. Pero también está aquí donde estamos nosotros, y nos está oyendo. También está en la casa de al lado. ¿No les parece raro que Dios pueda estar aquí en nuestra casa y al mismo tiempo en la casa del vecino? Y también está en todas las demás partes. Está con los misioneros en otros países, y está con la gente que va viajando por el océano en los grandes barcos. Nosotros solamente podemos estar en un lugar a la vez, pero Dios está en todas partes al mismo tiempo.

Una de las cosas más importantes que tenemos que recordar es que este Dios nuestro, tan grande y tan poderoso, nos ama siempre y siempre está atento a lo que nosotros hacemos. Eso debe hacernos muy cuidadosos de lo que hacemos. No quisiéramos hacer lo que no le gusta a Dios. Al contrario, vamos a hacer siempre lo que a El le gusta. El está listo a ayudarnos en todo momento para no hacer cosas malas sino cosas buenas.

Una vez un hombre quiso robarse algunas sandías y llevó con él a su hijito de ocho años. Aquel papá le dijo al niño que se quedara junto a la cerca y le avisara si alguien lo veía. Cuando su papá ya estaba recogiendo algunas sandías, el niñito le gritó de pronto: "¡Papá, alguien te está viendo!"

El hombre regresó corriendo al lugar donde se encontraba su hijito y le preguntó: "¿Dónde? ¿Quién me está viendo? ¡Yo no veo a nadie!"

Y entonces el pequeño le contestó: "Papacito, cuando miraste para ver si te estaban viendo, se te olvidó mirar al cielo. Dios es el que te está mirando."

El padre de aquel niño nunca había pensado en eso, pero desde aquel momento decidió no robar sandías más. El niñito ayudó mucho a su papá porque le hizo acordarse de Dios.

*   *   *   *   *

ALGO QUE LEER DE LA BIBLIA:

Isaías 6:1-8

PREGUNTAS:

1. ¿Tiene Dios un cuerpo como el que tú tienes?

2. ¿Puedes pensar en este momento en dos lugares donde está Dios?

3. ¿Puede vernos Dios durante la noche, cuando todo está oscuro?

ORACION:

Dios Altísimo y Santo que estás en los Cielos, perdónanos nuestros muchos pecados porque no estamos limpios. Te damos gracias porque Tú nos das perdón por medio de Jesucristo nuestro Señor. Amén.

UN HIMNO QUE CANTAR:

¡Oh Padre, eterno Dios!
Alzamos nuestra voz
Con santo ardor,
Por cuanto tú nos das,
Tu ayuda sin igual,
Hallando nuestra paz
En ti, Señor.

3

¿DE DONDE VINO DIOS?

HAY MUCHAS COSAS maravillosas tocante a Dios que no podemos entender. Una de esas cosas ya hemos aprendido. Es que El puede estar en todas partes al mismo tiempo. Esto nos parece muy raro y no podemos entender cómo puede ser eso. Dios no nos lo ha explicado. Pero cuando lleguemos al Cielo, entonces El nos enseñará muchas cosas que ahora no podemos entender.

Hay algo más acerca de Dios que tampoco podemos entender. Para decirles lo que es, tengo que preguntarles una cosa. ¿De dónde vino Dios? ¿Tuvo El papá y mamá? No, Dios no necesitó ni papá ni mamá. El no nació nunca. Nunca fue un pequeñito en el Cielo que fue creciendo. No nació en el Cielo porque siempre ha estado vivo. Siempre ha sido grande y poderoso exactamente como lo es ahora.

Dios estaba vivo ayer, y anteayer y el día anterior a anteayer. Estaba vivo antes de que ustedes nacieran y antes de que nacieran papá y mamá. Estaba vivo antes de que abuelito naciera y antes de que hubiera rocas y árboles, y pasto y animales. Hace millones y millones de años que El vive, antes de que aconteciera otra cosa alguna.

¿Quién hizo a Dios? Nadie lo hizo. Dios no fue hecho por nadie. Dios siempre ha tenido vida. No podemos entender esto, pero sabemos que es verdad.

Dios siempre va a vivir.

Aun los niños pequeños deben saber que también vivirán siempre. Así nos ha hecho Dios. No viviremos siempre aquí en la tierra. Algún día nuestro cuerpo se hará viejo y nos iremos a vivir a otro lugar. Entonces podremos ir a vivir con Dios, si al estar aquí en la tierra con papá y mamá y nuestros amigos le hemos amado a El. Y debemos aprender a amar a Dios muchísimo.

Algunas personas tontas pasan la vida aquí en la tierra amándose a sí mismas en vez de amar a Dios. Y cuando se mueran, Dios no deseará tenerlas en el Cielo, sino que las mandará a un lugar triste y oscuro donde tendrán que vivir siempre sin Dios.

Si vamos a vivir siempre, entonces debemos tener mucho cuidado de la manera como vivimos ahora. Les voy a contar una pequeña historia de un hacendado rico al que se le olvidó que tenía que vivir para siempre.

Este hacendado fue a uno de sus graneros y vio que estaba lleno. Luego fue a ver los otros graneros y todos estaban llenos de grano. Se puso muy contento al ver sus graneros llenos. Podía vender todo aquel grano y ganar mucho dinero.

Entonces el hacendado se dijo a sí mismo: "Ya no tengo necesidad de trabajar. Ya tendré mucho dinero que puedo gastar en beber el vino que quiera y comer todo lo que me dé la gana, y hacer toda clase de cosas malas."

Aquella noche, cuando se fue a la cama para dormir, todavía estaba pensando en lo rico que era y en la forma en que gastaría su dinero. Pero no se le ocurrió pensar ni por un momento en lo que Dios quería que hiciera con ese dinero.

Y aquella misma noche este hacendado rico murió. Tuvo que encontrarse con Dios, y ya era demasiado tarde recordar que Dios había querido que amara al Señor Jesús y que usara su dinero para hacer cosas buenas y que hablara a otros acerca de Jesús.

Espero que ustedes recordarán que habrán de vivir siempre, y también espero que nunca serán como este rico tonto.

*　　*　　*　　*　　*

ALGO QUE LEER DE LA BIBLIA:
  Lucas 12:16-28
PREGUNTAS:
  1. ¿Nació Dios alguna vez?
  2. ¿Ya vivía Dios antes de que hubiera rocas y árboles?

3. ¿Desde cuándo vive Dios?
4. ¿Cuánto tiempo vivirán ustedes después de que su cuerpo muera?

ORACION:

Nuestro Padre que estás en el Cielo, te damos gracias porque nos has dado vida eterna por medio de Jesucristo nuestro Señor. Ayúdanos a vivir aquí en la tierra de tal manera que te agrademos a Ti. Te pedimos esto en el nombre de Jesús. Amén.

UN HIMNO QUE CANTAR:

Cuando mis luchas terminan aquí
Y ya seguro en los cielos esté
Cuando al Señor mire cerca de mí;
¡Por las edades mi gloria será!

¡Esa será, gloria sin fin,
Gloria sin fin, gloria sin fin!
Cuando por gracia su faz pueda ver,
¡Esa mi gloria sin fin ha de ser!

4

SI NO PODEMOS VER A DIOS, ¿COMO PODEMOS SABER QUE EL VIVE?

QUIEN PUEDE VER EL VIENTO? Ni ustedes, ni yo, ni nadie. Pero no necesitamos ver el viento para saber que allí está. Lo sabemos porque podemos sentirlo en nuestra cara y ver mover a los árboles y al pasto cuando el viento sopla. Pero no podemos ver el viento.

29

Tampoco podemos ver a Dios. Pero podemos saber que El es y que vive por las cosas que hace. Algunos dicen: "Si pudiera ver a Dios, entonces creería que existe y que vive; pero como no puedo verlo, no creeré en El."

Pero eso no está bien. Tales personas creen que el viento existe aunque no pueden verlo, por lo que el viento hace. Y si quisieran, sabrían también que Dios existe por lo que El hace.

¿Pueden pensar ustedes en algunas cosas que Dios hace, las cuales nos dicen que El vive?

Por ejemplo, podemos ver las estrellas, el sol y la luna. ¿Están en el cielo porque ellos se pusieron allí? No, alguien los puso. Cuando vemos una casa, nunca pensamos que esa casa se hizo sola. Sabemos que alguien la hizo. Y cuando vemos las estrellas pensamos lo mismo. Alguien las puso en el lugar donde están. Dios mismo las hizo.

¿Saben ustedes por qué no podemos ver a Dios? Pues es porque Dios no quiere que le veamos todavía. Es Dios tan grande, tan maravilloso y tan brillante, que si le viéramos nos mataría. Pero algún día, si le obedecemos, El nos llevará al Cielo al morir nosotros. Entonces le veremos como El es, y eso nos pondrá muy contentos.

Aun cuando no podamos ver a Dios, le podemos amar mucho. La Biblia nos habla acerca de Dios. Nos dice cuánto nos ama El y cuán bueno es. No necesitamos ver a Dios para amarle.

Una madre hablaba a su hijita sobre el amar a Dios. La pequeña le dijo: "Mamacita, yo no puedo ver a Dios; ¿cómo he de amarlo si no puedo verlo?"

Unos cuantos días más tarde aquella niñita recibió por correo un paquete de una amiga a la cual nunca había visto. Dentro del paquete venía un regalo. La pequeña la abrió con mucho cuidado y encontró un bello libro de estampas. Miró aquel libro por largo rato y luego corrió a donde estaba su mamá y le dijo: "¡Mamacita, cuánto me gusta este libro y cuánto amo a la persona que me lo envió!"

Entonces le dijo su mamá: "Pero tú nunca la has visto."

"No," respondió la niña, "pero la amo porque me mandó este regalo."

De esa forma podemos amar a Dios aunque

no le hayamos visto. El nos ha dado tantas cosas bellas, como nuestro hogar y nuestros padres, que podemos darle las gracias y amarle aunque no lo hayamos visto todavía.

* * * * *

ALGO QUE LEER DE LA BIBLIA:
Génesis 1:14-28
PREGUNTAS:
1. ¿Puedes ver el viento? ¿Cómo sabes que está allí?
2. ¿Puedes ver a Dios? ¿Cómo sabes que El vive?
3. ¿Cuáles son algunas de las cosas que hace Dios que nos dicen que El vive?
4. ¿Sabes por qué no podemos ver a Dios todavía?
5. ¿Cuándo le veremos?
ORACION:
Dios Todopoderoso, te damos gracias porque los Cielos hablan de tu gloria; y porque el sol, la luna y las estrellas que Tú has hecho, nos muestran lo grande que eres Tú. Te damos gracias también por el Señor Jesucristo que nos ha mostrado tu gran amor. En el nombre de Jesús. Amén.
UN HIMNO QUE CANTAR:
"Jesús es la Luz del Mundo"

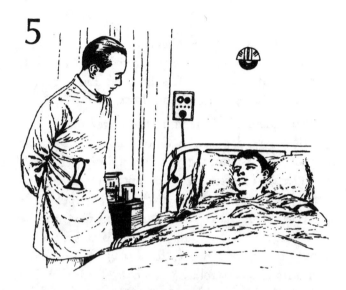

5

EL PADRE, EL HIJO Y EL ESPIRITU SANTO

Y A HEMOS APRENDIDO que hay un solo Dios. Prepárense ahora para escuchar algo que no entenderán. Eso no debe ser motivo de pena, porque nadie ha podido entenderlo; sin embargo, es una de las verdades más importantes que se hallan en la Biblia.

Voy a decirles por qué es importante. Nuestro

Padre que está en los Cielos es Dios. ¿Pero saben ustedes que Jesús es Dios también y que el Espíritu Santo es Dios? Los tres son Dios; pero no hay tres Dioses, sino un solo Dios.

Probablemente me querrán preguntar cómo puede ser verdad eso. ¿Cómo pueden tres personas ser Dios si solamente hay un Dios? ¿Es posible que Jesús sea sólo otro nombre para Dios y que no sea El una persona diferente? No, el Padre, Jesús y el Espíritu Santo no son tres nombres diferentes de Dios. Cada uno de los tres tiene una tarea distinta que hacer. Jesús y el Padre hicieron el mundo, las estrellas y todo lo demás, y Jesús es Dios. Jesús dijo: "Yo y el Padre una cosa somos."

Y cuando Jesús volvió de la tierra al Cielo para estar otra vez con Dios el Padre, nos mandó al Espíritu Santo, el que también es Dios, a estar con nosotros.

Pero solamente hay un Dios. Algunas personas han tratado de explicar o de describir cómo tres personas pueden ser un solo Dios dando como ejemplo el trébol, el cual tiene tres hojas pero es un solo trébol. Otras personas, tratando de ayudarnos a entender esto, nos dicen que pensemos en el agua. Algunas veces el agua se presenta en forma líquida como cuando la tomamos; otras veces en forma sólida cuando se convierte en hielo; y algunas otras en vapor; pero sea cual sea la forma en que se presente, sigue siendo agua. Estas ilustraciones pueden ayudarnos, pero no vamos a entender realmente estas cosas hasta que estemos con Jesús. Sin embargo, sabemos que son verdad, porque Jesús nos lo dice así en la Biblia.

Es muy importante que sepamos todo esto porque algunos han pensado que Jesús no es realmente Dios. Pero si Jesús no fuera Dios, no podría ser nuestro Salvador. Solamente Dios puede ayudarnos; Jesús nos ayuda porque El es Dios.

No se preocupen si no entienden todas estas cosas. Cuando lleguemos al Cielo entonces lo sabremos todo; y mientras tanto podemos obedecer a Dios y amarle, no importa si no entendemos todo lo que a El se refiere.

Una vez un hombre en la India porfiaba en pedir al misionero que le explicara la Trinidad— pues esa es la palabra que usamos para decir que tenemos solamente un Dios y que el Padre, Jesús y el Espíritu Santo son Dios. El misionero trató de darle la mejor explicación. Cuando el hombre siguió preguntando, el misionero le contó la siguiente historia. En un país lejano toda la gente se estaba enfermando y el rey mandó medicinas a un médico para devolverles la salud. Uno de los enfermos le hizo al doctor tantas preguntas acerca del rey, al cual nunca había visto, que el doctor tuvo que emplear todo su tiempo en contestarle y no pudo repartir las medicinas entre los enfermos. El resultado fue que las personas que estaban enfermas se murieron.

Cuando el doctor fue a ver al rey éste la preguntó si había repartido las medicinas entre los enfermos. "No," dijo el doctor, "tuve que gastar todo el tiempo en explicar de dónde había conseguido las medicinas y no me quedó tiempo para dárselas.

Es importante saber lo de la Trinidad, pero nuestro trabajo consiste en decir a la gente que Jesús murió para salvarla, no en tratar de explicar-

les la Trinidad. Tenemos una magnífica medicina
para sus almas y necesitamos usarla.

* * * * *

ALGO QUE LEER DE LA BIBLIA:

Marcos 1:9-11; Juan 16:7-15

PREGUNTAS:

1. ¿Cuántos dioses hay?
2. Nuestro solo Dios es tres personas diferentes.
   ¿Sabes tú sus nombres?
3. ¿Puedes usar la ilustración del agua para
   explicar esto?
4. ¿Por qué hizo el doctor lo que no debía en
   tratar de contestar todas las preguntas?

ORACION:

Oh Dios, nuestro Padre Celestial, Tú eres
demasiado grande para que te entendamos, pero te
damos gracias porque podemos entender lo que es
tu amor. Ayúdanos a crecer fuertes en tu amor y
a darte todo honor. En el nombre de Jesús. Amén.

UN HIMNO QUE CANTAR:

A nuestro Padre Dios alcemos nuestra voz,

¡Gloria a El!

Tal fue su amor que dio al Hijo que murió,

Y así nos redimió

¡Gloria a El!

37

6

POR QUE NOS HIZO DIOS

C UAL ES LA RAZON PRINCIPAL por qué nos hizo Dios y nos permite vivir aquí en nuestros hogares?

¿Será para que estemos contentos? No. Dios quiere que estemos contentos, pero esa no es la razón por qué nos hizo.

¿Será para que seamos buenos y amables con los demás? No, eso es también importante, pero tampoco es la razón por qué nos hizo Dios.

Pues, ¿cuál será?

Dios nos hizo para glorificarle a El y para gozarnos en El. Eso quiere decir que Dios desea que le demos gracias por ser tan bueno con nosotros. Quiere que nos alegremos porque El es tan grande y tan bueno. Dios quiere que le adoremos al entender lo admirable que es El y lo bueno que fue Jesús en venir a recibir el castigo de nuestros pecados en vez de ser castigados nosotros. Y siendo Dios tan grande y tan bueno, El quiere que le digamos lo contentos que nos sentimos de que El nos permite ser sus hijos. Quiere que estemos tan alegres que siempre querremos ayudar a los demás como una manera de darle gozo a El.

¿Entienden ahora por qué nos hizo Dios? Nos hizo para que le amáramos y que siempre hiciéramos lo que El quiere, precisamente porque le amamos tanto.

¿Aman ustedes a Dios? Para eso los hizo.

Hubo una vez un hombre llamado Billy Bray, quien amaba mucho a Dios. Le gustaba cantar himnos porque sabía que a Dios le gustaba oir lo que él cantaba. Muchos pensaban que cantaba demasiado porque no tenía una hermosa voz como otras personas, pero Billy Bray les decía que un pájaro como el cuervo no puede cantar como el canario, pero que Dios hizo tanto al cuervo como al canario y le gusta oir a los dos. Y Billy Bray terminaba diciendo: "A mi Padre Celestial le gusta oirme cantar aunque mi voz no sea mejor que la del cuervo."

Si nosotros amamos a Dios, El quiere que se lo digamos.

* * * * *

UN HIMNO QUE CANTAR:
"A Dios el Padre celestial"

ALGO QUE LEER DE LA BIBLIA:
Salmo 148

PREGUNTAS:
1. ¿Nos hizo Dios para que le amáramos?
2. ¿Saben ustedes lo que es un traidor?
3. Si Dios nos hizo para sí mismo, y nosotros en vez de servirle a El nos servimos a nosotros mismos, ¿qué somos?
4. ¿Le gusta a Dios que cantemos para alabarle si nuestra voz sea como la de Billy Bray?

ORACION:

Nuestro Padre, ayúdanos a glorificar tu nombre santo y grande. Ayúdanos a alabarte y a vivir para Ti siempre. En el nombre de Jesús. Amén.

OTRO HIMNO QUE CANTAR:

Grato es contar la historia
Del celestial favor;
De Cristo y de su gloria,
De Cristo y de su amor;
Me agrada referirla,
Pues sé que es la verdad;
Y nada satisface
Cual ella, mi ansiedad.

¡Cuán bella es esa historia!
Mi tema de victoria,
Es esta antigua historia
De Cristo y de su amor.

OTRAS COSAS ACERCA DE
NUESTRO GRAN DIOS

C UANTAS COSAS SABES? ¿Te has puesto a
contarlas alguna vez? Sabes algo de los
perros y los gatos; sabes leer, sumar y otras muchas
cosas. Pero tu papá y tu mamá saben más que tú.

Hay personas que van a la escuela durante toda
la vida y aprenden más y más. Pero aun así no
es posible que aprendan todo lo que hay que

aprender, porque siempre queda mucho más. Hay solamente una Persona que lo sabe todo. Esa Persona es Dios. No hay nada que Dios no sepa. Dios hizo todas las cosas y las conoce todas. El sabe lo que estás pensando ahora; sabe lo que estabas pensando ayer, y sabe lo que va a pensar mañana. El sabe lo que pasó hace un millón de años y sabe lo que va a pasar dentro de otro millón de años. El sabe si tú le amas o no. No podemos esconder nada de Dios porque El está en todas partes y sabe todas las cosas y no se le olvida nada.

Otra cosa admirable de Dios es que puede hacer todo lo que El quiere. El hizo al mundo y puede destruirlo si lo desea. No hay nada que sea demasiado difícil para El. El nos puede dar la salud cuando estamos enfermos; puede enviar las tempestades y puede acabar con ellas. Puede perdonar nuestro pecado y llevarnos al Cielo.

Y Dios nunca cambia. El es siempre el mismo; el mismo ayer, hoy y para siempre. Nunca se hace viejo ni se debilita como nosotros. Tal vez tú tienes un abuelito y una abuelita muy queridos que ya no son tan fuertes como antes. La gente cambia. Hay un tiempo cuando somos fuertes, perro conforme pasan los años nos vamos debilitando, vamos perdiendo fuerzas. Pero Dios siempre se mantiene fuerte.

Dios lo sabe todo. Es tan fuerte que puede hacer todo lo que quiere. Y nunca cambia. El siempre nos ama. ¡Qué Dios tan grande y tan admirable tenemos!

Se cuenta del doctor Martín Lutero, uno de los grandes directores de la iglesia cristiana hace muchos años, que una vez se olvidó de lo grande que es Dios. El Dr. Lutero se encontraba muy preocupado porque se había olvidado de lo grande que es Dios, de que Dios no cambia y de que El puede resolver todos los problemas, de modo que no le era necesario preocuparse.

Una mañana cuando el Dr. Lutero bajó las escaleras de su casa para tomar el desayuno, encontró a su esposa vestida de luto como cuando alguien se ha muerto.

"¿Quién se ha muerto?" dijo el Dr. Lutero a su esposa.

"¿No lo sabes?" le dijo ella; "Dios se ha muerto."

44

"¿Cómo puedes decir algo tan tonto y tan perverso?" respondió él. "¿Cómo puede morirse Dios? El vivirá por toda la eternidad. El nunca cambia y nunca puede morir."

"Pues entonces," le dijo su esposa, "¿por qué estás tan desanimado si Dios vive todavía?"

"Luego comprendí," dice el Dr. Lutero, "lo inteligente que era mi esposa. Ella estaba tratando de hacerme ver que Dios es verdaderamente el mismo, que El nos ama y cuidará de nosotros y que no tenemos por qué tener miedo. El es siempre el mismo Dios grande y admirable."

*   *   *   *   *

ALGO QUE LEER DE LA BIBLIA:

Salmo 8

PREGUNTAS:

1. Menciona algunas de las cosas que Dios ha hecho.
2. ¿Cuáles son algunas de las cosas que Dios sabe y que la gente no sabe?
3. ¿Dios se pondrá viejo alguna vez como la gente?

ORACION:

Nuestro Padre eterno que estás en el Cielo, te damos gracias porque no hay nadie como Tú. Tú eres todopoderoso. Te damos gracias porque Tú nunca cambias y porque siempre nos amas. Ayúdanos para agradarte siempre con nuestra manera de vivir por Ti. Te lo pedimos en el nombre de Jesús. Amén.

UN HIMNO QUE CANTAR:

¡Santo! ¡Santo! ¡Santo!

Señor Omnipotente,

Siempre el labio mío loores te dará;

¡Santo! ¡Santo! ¡Santo!

Te adoro reverente,

Dios en tres Personas, bendita Trinidad.

8

¿QUIENES SON LOS ANGELES?

HACE MUCHISIMO TIEMPO, mucho antes que Dios hiciera el sol, la luna y las estrellas, mucho antes que hiciera a Adán y a Eva, Dios hizo a algunos seres o criaturas sin cuerpo para que vivieran con El en el Cielo.

A estos seres se les llama ángeles.

Nosotros no podemos verlos o hablar con ellos,

pero ellos sí nos ven y algunos están aquí con nosotros en estos momentos. Los ángeles son muy buenos y útiles, y Dios ha nombrado a uno de ellos para que nos sirva especialmente a cada uno de nosotros y para librarnos de muchas cosas que pudieran hacernos daño.

Eso no quiere decir que no nos sea bueno sufrir de vez en cuando, porque eso nos hace buscar más a Dios, sentir que le necesitamos. Dios no ha dicho que nunca nos va a pasar nada que nos haga sufrir, pero El les ha pedido a los ángeles que nos ayuden de muchas maneras.

Yo quisiera saber lo que los ángeles piensan cuando nos están mirando y cuidando. Probablemente son muy felices porque el Señor Jesús murió por nosotros y por eso mismo nosotros podemos ir al Cielo.

¡Qué sorprendidos y contentos se pondrían cuando el Señor Jesús decidió dejar su gloria en el Cielo y venir a la tierra para nacer como un bebé! Probablemente ustedes recuerdan que un gran coro de ángeles se apareció a los pastores aquella primera noche de Navidad, cantando alabanzas a

Dios y diciendo a los pastores que el Señor Jesús había nacido en Belén.

Pero ¡ay, qué tristes se pondrán los ángeles cuando nos ven pelear y portarnos como si no supiéramos lo mucho que nos ama Dios y lo mucho que ha hecho por nosotros! Los ángeles nos miran, y debemos vivir de tal manera que ellos se sientan muy contentos.

Algunos ángeles son más importantes que otros. La Biblia nos da el nombre de algunos. Gabriel, por ejemplo, aparece como un mensajero especial de Dios. Fue el ángel a quien el Señor envió a Daniel después de que Daniel había orado durante muchos días. Otros ángeles les cerraron la boca a los leones cuando Daniel fue echado al foso; no sabemos si Gabriel era uno de ellos.

Gabriel también se le apareció a Zacarías para decirle que iba a tener un hijo, Juan el Bautista; y a la virgen María para anunciarle que el Señor Jesús iba a nacer y que ella iba a ser su madre.

Uno de los ángeles más importantes, tal vez el más importante de todos, es Miguel. Este ángel tiene que luchar muchas veces con Satanás.

No sabemos cómo se llaman los demás ángeles, pero todos son diferentes y tienen un trabajo diferente que hacer.

Los ángeles fueron hechos por Dios lo mismo que nosotros, y por eso no debemos adorar a los ángeles sino solamente a Dios. Los ángeles no pueden hacer lo que quieran como lo hace Dios; no saben todas las cosas como El; y solamente pueden estar en un solo lugar al mismo tiempo. Dios, en cambio, puede estar en todas partes.

A veces pensamos y aun cantamos que sería muy hermoso ser ángel. Pero es mucho más hermoso ser como somos, porque Dios nos ha hecho hijos suyos. Los ángeles son solamente sus ayudantes, y es mucho mejor ser un hijo de Dios. Por eso no debemos querer ser ángeles, sino que debemos estar muy contentos porque Dios nos ha salvado y nos va a llevar al Cielo para estar con El para siempre.

Casi nunca podemos ver a los ángeles, pero algunas personas al morir los han visto. Las personas a las cuales se les han aparecido nos cuentan que son muy hermosos.

Hay en la Biblia una historia muy bella que habla de unos ángeles que vio un joven. Este joven ayudaba en su trabajo a Eliseo, uno de los profetas que Dios había enviado a los hijos de Israel para que les diera su mensaje.

Como Eliseo era un hombre de Dios y le decía a la gente que hiciera siempre cosas buenas, algunos no lo querían. El rey mandó buscar a Eliseo para ponerlo preso o para matarlo. Y los soldados enviados por el rey llegaron a la ciudad donde Eliseo estaba. Una mañana, muy temprano, el joven que ayudaba a Eliseo vio un gran ejército que rodeaba la ciudad. El joven corrió a donde estaba Eliseo y le dijo: "¿Qué haremos, Eliseo? Hay soldados por todas partes que vienen por ti."

Eliseo le contestó: "No tengas miedo, porque son más los que están con nosotros que el número de los soldados. Hay ángeles por todas partes que nos están cuidando."

Entonces Eliseo oró a Dios y le dijo: "Señor, ábrele los ojos a este joven para que pueda ver todos los ángeles que Tú has mandado para cuidarnos." Y el Señor abrió los ojos de aquel joven, y pudo ver caballos y carros hechos de fuego rodeándolos a él y a Eliseo.

Cuando se acercaron los soldados, Eliseo le pidió a Dios que los volviera ciegos por un rato para que no pudieran verle, y Dios así lo hizo. Y de esa manera Dios cuidó a Eliseo mandando a sus ángeles para protegerle.

*   *   *   *   *

ALGO QUE LEER DE LA BIBLIA:

Hechos 12:5-17

PREGUNTAS:

1. ¿Quiénes son los ángeles?
2. ¿Puedes decir los nombres de dos de los ángeles más importantes?
3. ¿Te convertirás tú en ángel algún día?
4. ¿Es mejor ser ángel o ser cristiano?

ORACION:

Nuestro Padre que has hecho a los ángeles para que te sirvan, te damos gracias porque ellos nos cuidan. Te damos gracias porque nosotros somos tus hijos y no solamente ángeles. Ayúdanos a

portarnos como tus hijos. En el nombre de Jesús.
Amén.
UN HIMNO QUE CANTAR:
   "Banda de ángeles"

9

¿QUIEN ES SATANAS?

S ATANAS ES UNA PERSONA a quien no podemos ver. El trata de hacernos mal. Al principio era bueno. Era uno de los ángeles de más importancia en el Cielo. Era uno de los ayudantes más importantes de Dios y se alegraba en hacer todo lo que Dios quería. ¡Qué feliz debería ser al poder hablar con Dios y contemplar la gloria y el poder de Dios!

Pero un día Satanás ya no quiso obedecer a Dios ni quiso amarle tampoco. No sabemos por qué Satanás tomó tan terrible decisión ni de dónde sacó esa idea, pero así sucedió. Tuvo celos y envidia de Dios y quiso ser como El. Se convirtió entonces en el más grande enemigo de Dios tratando de hacerle todo el daño posible en vez de ayudarlo. Fue una cosa tonta de parte de Satanás pensar que podía hacerle daño a Dios, porque Dios tiene todo el poder y puede hacer todas las cosas. Algún día Dios castigará a Satanás en forma tan terrible que no quisiéramos ni pensar en ello. Dios hizo el lago de fuego que llamamos Infierno para castigar a Satanás por toda la eternidad.

Miles y miles de ángeles buenos se hicieron malos y siguieron a Satanás. A estos ángeles malos se les llama demonios y también están en derredor nuestro. Pero no pueden hacernos mal si amamos al Señor Jesucristo, porque Dios ha enviado a sus ángeles buenos para cuidarnos y el Señor Jesús mismo vive en nosotros. Los demonios le tienen mucho miedo al Señor Jesús porque saben que algún día El los va a enviar al fuego eterno por toda la eternidad.

Satanás siempre está tratando de que nosotros hagamos cosas malas. El nos habla y nos dice: "Está perfectamente bien que te robes esa galleta porque es muy sabrosa, y si te la comes, nadie lo notará. Anda, robátela." Pero nunca olviden que si obedecemos a Satanás, pecamos.

Satanás es muy poderoso y debemos poner siempre mucho cuidado en amar al Señor Jesús para que Satanás no tenga la oportunidad de hacernos daño ni nos obligue a hacer cosas malas. No debemos reirnos de Satanás y de sus demonios, porque aun Miguel el arcángel no tuvo en poco el poder de Satanás cuando éste quería impedirle hacer la obra de Dios. En vez de reirse de Satanás, Miguel le dijo: "El Señor te reprenda, Satanás." El Señor sabe lo que tiene que hacer con Satanás; nosotros no podemos ni debemos intentarlo.

Debemos también alejarnos de todos los lugares donde los demonios o ángeles malos acuden para hablarle a la gente. Hay hombres y mujeres llamados espiritistas que saben hacer que los demonios hablen para que los que están allí reunidos los oigan, y los demonios se hacen pasar como sus amigos que han muerto. La Biblia nos dice que no tengamos nada que ver con tal gente, porque Satanás siempre miente y sus demonios también.

Un día, un niño que no era cristiano y no sabía nada del Señor Jesús, se encontraba parado delante del fuego. Entonces un demonio, uno de los malos espíritus de Satanás, entró en el cuerpo del niño y lo hizo brincar al fuego. El niño se quemó mucho, pero llegó su papá y lo sacó de allí.

Durante mucho tiempo el demonio que estaba dentro de él lo empujaba a hacer cosas que le causaban daño. Pero un día su papá lo llevó al Señor Jesús y le pidió que sacara al demonio del cuerpo de su hijito. Jesús le ordenó al demonio que se fuera y nunca volviera, y el demonio tuvo que obedecerle, porque Jesús es Dios. Entonces el niño quedó enteramente bien.

* * * * *

ALGO QUE LEER DE LA BIBLIA:
   Isaías 14:12-17

PREGUNTAS:

1. ¿Por qué tuvo necesidad Dios de hacer el infierno?
2. ¿Quién es Satanás y qué tal era en un tiempo?
3. ¿Quién es más poderoso, Satanás o Dios?
4. ¿Qué quiere Satanás que tú hagas?

ORACION:

Dios Todopoderoso, Creador del Cielo y de la tierra, te damos gracias porque las fuerzas de Satanás no pueden hacernos daño cuando estamos muy cerca de nuestro Señor Jesucristo. Te damos gracias porque Satanás y sus demonios malos le tienen mucho miedo a nuestro Salvador. Ayúdanos a mantenernos muy cerca de Jesús y a amarle siempre. En el nombre de Jesús te lo pedimos. Amén.

UN HIMNO QUE CANTAR:

Tentado, no cedas; ceder es pecar;
Mejor y más noble es luchar y triunfar;
¡Valor!, pues, cristiano, domina tu mal;
Dios puede librarle de asalto mortal.
En Jesús, pues, confía;
En sus brazos tu alma
Hallará dulce calma,
El te hará vencedor.

10

COMO HIZO DIOS A ADAN Y A EVA

NO SABEMOS CUANDO Dios determinó hacer las estrellas, el mundo, los animales, la gente y todas las demás cosas, pero al fin llegó el momento en que lo hizo.

¿Saben ustedes qué herramientas y materiales usó Dios para hacer todas las cosas? Cuando ustedes y yo hacemos algo necesitamos papel, colores, tijeras, o tal vez un serrucho, y madera, y martillo y clavos. Pero no ocurrió así cuando Dios hizo el mundo. No necesitó ninguna herramienta. El hizo todas las cosas de la nada. Es decir, no había nada, y entonces El habló y le dijo al mundo que se formara y allí estaba el mundo. Le dijo al sol que comenzara a brillar y lo hizo. Hizo vacas, caballos, peces, langostas, pájaros, árboles, pasto y flores. Era un mundo muy bello que hizo Dios; no había en él ni cardos ni espinos; los animales no trataban de hacerse daño el uno al otro o de comerse el uno al otro como lo hacen hoy.

Y finalmente, cuando ya toda la tierra estaba preparada, Dios hizo a Adán, que fue el primer hombre. Dios tomó polvo de la tierra y lo usó para hacer el cuerpo de Adán, y luego le dio vida.

¿Cómo creen ustedes que se sintió Adán cuando se dio cuenta de que estaba vivo? Debió haber tenido una sensación muy extraña y muy hermosa al mismo tiempo. Vio el mundo maravilloso que Dios había hecho para él. Dios hablaba con él y eran muy buenos amigos. Tal vez Adán le preguntó a Dios cómo lo había hecho, y Dios se lo explicó todo.

Y luego un día Dios se propuso hacer otra persona; pero en lugar de hacer otro hombre hizo una mujer. Le dio el nombre Eva. Dios no hizo a Eva del polvo, como a Adán, sino que hizo que Adán se durmiera, y mientras dormía, tomó una de sus costillas e hizo la mujer. Y luego le dio esta mujer a Adán para que fuera su esposa y para que le ayudara. Eva debió haberse sentido muy sorprendida y contenta de tener vida, y tanto ella como Adán y Dios debieron haber pasado días muy felices juntos.

Adán y Eva no tenían malos pensamientos. Dios los hizo de tal manera que no había en ellos ninguna maldad. Eran puros, amables, limpios y fuertes. Dios los amaba y ellos le amaban mucho.

En la escuela algunos de nuestros libros y algunos de nuestros maestros ignoran cómo tuvo vida el primer hombre y no saben que Dios hizo a Adán y a Eva. Aquellos que no saben mucho de Dios a veces piensan que, hace mucho, mucho tiempo, hace millones de años cuando no existía nada vivo, tuvo vida un pedacito de tierra, tan pequeño que no se podía ver. Este pedacito de tierra tuvo hijos un poquito más grandes que él mismo y un poco diferentes; y esos hijos tuvieron otros hijos que ya eran de tamaño un poco mayor, y después de millones y millones de años una pequeña partícula de tierra se convirtió en un hombre. Pero los que piensan así están equivocadas. Dios no nos hizo de ese modo. La Biblia dice que Dios hizo a Adán en el momento. ¡Qué grande es Dios! El puede hacer cualquier cosa en un momento. Cuán fácil le era tomar un poco de polvo de la tierra y hacer a Adán en un momento.

Un día un padre quiso enseñar a su hijito acerca de Dios. Era tiempo de primavera, así que tomó su pala y salió al jardín. Con la pala suavizó parte de la tierra y la dejó lista para sembrar semillas. Una vez que la hubo emparejado escribió en la tierra blanda las letras J - U - A - N, que era el nombre de su hijito. Luego puso semillas en las líneas que había marcado, para que cuando salieran las plantitas formaran el nombre de J - U - A - N.

Unos días más tarde el pequeño Juanito llegó corriendo hasta donde estaba su papá y con una gran excitación le dijo: "Papá, mi nombre ha crecido en el jardín." El pequeño tomó a su padre de la mano, lo llevó hasta el jardín y le dijo: "Mira, papá, es mi nombre."

"Sí," dijo el papá, "pero tal vez brotó allí por sí mismo."

"No," respondió Juanito, "alguien debió haber sembrado las semillas para formar las letras."

"¿No podrían las letras crecer allí por sí mismas?" le preguntó su papá.

"No," contestó Juanito, "alguien debió haberlas sembrado."

"Entonces," le dijo su papá, "mira tus manos y tus pies; tus manos fueron hechas para trabajar y para jugar. ¿Por qué no tienes los pies donde están las manos y las manos donde están los pies? ¿Manos y pies se han colocado de sí solos en donde se encuentran?"

"No," dijo el niño, "alguien debe haber hecho mis manos poniéndolas en el lugar en donde están."

Entonces su papá le habló de Dios, quien había hecho todas las cosas, y Juanito nunca olvidó esa lección.

* * * * *

ALGO QUE LEER DE LA BIBLIA:

Génesis 2:7-25

PREGUNTAS:

1. ¿De qué fue hecho Adán?
2. ¿De qué fue hecha Eva?
3. ¿De qué fue hecha la tierra?
4. ¿Cuánto tiempo tardó Dios en hacer a Adán?

ORACION:

Oh Dios, nuestro Padre Celestial, te damos gracias porque eres tan grande y porque con una sola palabra tuya fue formada la tierra. Te damos gracias por tu gran poder y por tu gran amor. En el nombre de Jesús. Amén.

UN HIMNO QUE CANTAR:

Haz lo que quieras de mí, Señor;
Tú el Alfarero, yo el barro soy;
Dócil y humilde anhelo ser;
Pues tu deseo es mi querer.

11

COMO ENTRO EL PECADO EN EL MUNDO

R ECUERDAN USTEDES quién es Satanás? ¿Recuerdan que desobedeció a Dios y ya no fue su ayudante, sino que debió ser castigado eternamente?

A Satanás no le gustó que Dios hiciera a Adán y a Eva porque ellos amaban a Dios y eran felices. Así que se propuso hacer que Adán y Eva desobedecieran a Dios. Si lo hacían, dejarían de ser felices. Dios tendría que castigarlos y echarlos de allí para siempre.

Satanás entonces bajó a la tierra y habló con Eva. Le dijo que Dios no haría lo que les había dicho.

Dios les había dicho a Adán y a Eva que no comieran del fruto de uno de los árboles que estaba en el medio del huerto. Cuando Satanás fue a hablar con Eva, le dijo que el fruto de ese árbol era muy bueno y que si lo comía se pondría muy contenta. Satanás le dijo a Eva una terrible mentira y Eva le creyó. Se propuso desobedecer a Dios. Fue derecho al árbol, tomó una de las frutas, comió y también le dio a Adán para que comiera. Y ese fue uno de los días más tristes que el mundo ha conocido.

¿Saben ustedes lo que pasó? Desde el momento en que Adán y Eva comieron del fruto prohibido se comenzaron a morir. Vivieron todavía muchos años, pero no fueron años felices, y a medida que pasaban los años se iban haciendo viejos, se iban debilitando y se ponían más tristes. Dios los echó del hermoso jardín en el cual habían vivido y les dijo que ya nunca podrían volver a él. Y Dios hizo cardos, zarzas, espinas y hierbas malas, de modo que el pobre Adán apenas tenía lo que necesitaba para comer. Y Dios hizo fieros también a los leones, osos y tigres, y Adán tenía que cuidarse y defenderse de ellos. Y todo eso pasó porque Adán y Eva desobedecieron a Dios. Y los hijos de Adán y Eva fueron malos también y lo fueron sus nietos, y todos nosotros hemos sido malos desde entonces.

Imagínese qué tal sería el mundo hoy si nadie fuera malo. No habría guerras, ni ladrones, ni asesinos. Todos serían amables y buenos y útiles para los demás, y no existiría el terrible castigo después de la muerte para todos los que han pecado.

Todo lo malo que hay en el mundo existe porque un día Adán y Eva se alejaron de Dios e hicieron lo que El les había dicho que no hicieran.

Adán y Eva pensaron que el desobedecer a Dios no les haría mucho daño, y eso es lo que Satanás quería que pensaran. Satanás trata de hacernos pensar que lo que Dios nos dice no tiene importancia. Nos dice que sucederán cosas muy agradables si no hacemos lo que Dios nos manda; pero al contrario, nos suceden cosas terribles, y cuando nos damos cuenta ya es demasiado tarde.

Se cuenta de un hombre malo que quería hacerle daño a cierta persona. Escogió unas flores muy lindas que al otro le gustaban mucho. Hizo un ramo muy bonito con las flores, pero en medio escondió una serpiente venenosa. Cuando entregó aquel ramo tan lindo, el que lo recibió se puso muy contento y le dio las gracias. Pero cuando quiso oler las flores la serpiente lo mordío en la cara.

Así es que Satanás nos obsequia. Las cosas que nos da tienen una apariencia muy hermosa, pero nos traen solamente el daño y la tristeza. Cuando Satanás nos dice que hagamos algo malo, recordemos la historia de la serpiente escondida entre bellas flores.

*   *   *   *   *

ALGO QUE LEER DE LA BIBLIA:

Génesis 3:1-19

PREGUNTAS:

1. ¿Quién es Satanás?
2. ¿Ama Satanás a Dios?
3. ¿Quiere Satanás que tú ames a Dios?
4. ¿Qué le dijo Satanás a Eva?
5. ¿Qué les pasó a Adán y a Eva después de que habían pecado?

ORACION:

Nuestro Padre Celestial, qué tristes nos sentimos por nuestros pecados. Nos sentimos tristes porque algunas veces le hacemos caso a Satanás en vez de hacerte caso a Ti. Ayúdanos a mantenernos muy cerca de Ti para no ser engañados por Satanás. En el nombre de Jesús te lo pedimos. Amén.

UN HIMNO QUE CANTAR:

Abismado en el pecado
Clamaré yo a ti, Señor;
Mira el llanto y el quebranto
De este pobre pecador.

12

DIOS PREPARA UN SALVADOR

Y A HEMOS LEIDO de aquel día triste y oscuro cuando Adán y Eva pecaron. Los amigos de Dios se convirtieron en sus enemigos. El corazón de Adán y de Eva se hizo malo. Satanás había entrado en él y estaba haciendo que todo marchara mal.

Pero Dios no deseaba que Adán y Eva tuvieran corazones malos; no quería que vivieran para siempre alejados de El en las tinieblas del Infierno. Dios amaba mucho a Adán y a Eva aunque había tenido que castigarlos. Dios los ama mucho a ustedes también aunque le han hecho mucho mal con sus pecados.

Dios tuvo un plan para no tener que de castigarlos a ustedes. Su plan fue castigarse a sí mismo por los pecados de ustedes para que ustedes no fueran los castigados. Dios dijo: "Yo sufriré para que los niños y las niñas, y sus papás y sus mamás no tengan que sufrir. Yo mandaré a la tierra a Jesús, mi único Hijo, y El morirá por los pecados de ellos."

Y esa es la razón por qué Jesús nació como un bebé en Belén. Esa es la razón por qué El creció sin hacer ni una cosa mala, ni la más pequeñita. Pero Dios le castigó. ¿Lo castigó por los pecados que El hizo? No, no; Jesús no tenía pecados. Dios le castigó en lugar de ustedes y en lugar de mí. Dios castigó a Jesús por nuestros pecados. Los hombres malos tomaron a Jesús y lo clavaron en la cruz y allí murió por ustedes. Dios lo castigó tanto que ni siquiera podemos imaginarlo. Y Jesús quiso llevar el castigo por ustedes. ¡Qué bueno es Jesús!

Un día un hombre robó cierta cantidad de dinero y un policía lo llevó a la cárcel. Fue presentado delante del juez para que éste dijera el tiempo que debía estar preso. El juez se quedó muy sorprendido al verle, pues aquel hombre era un amigo suyo. Pero el juez tenía que cumplir con su deber y no podía dejarlo ir libre sólo porque era su amigo. Así que el juez le dijo: "Tienes que devolver el dinero que robaste y además pasarás treinta días en la cárcel."

"Pero es que no tengo dinero; lo gasté todo," dijo el que había robado.

"Entonces," dijo el juez, "yo pagaré el dinero e iré a la cárcel en lugar tuyo, para que puedas regresar a tu casa y cuidar de la familia." Y el juez pagó el dinero y estuvo en la cárcel los treinta días en lugar de su amigo.

Esto que hizo el juez es algo semejante a lo que Dios ha hecho por nosotros. Dios dijo que debíamos sufrir por nuestros pecados. Luego sufrió El en nuestro lugar, al morir Jesús por nosotros.

Yo creo que nunca podremos agradecerle bastante a Dios por ser tan bueno con nosotros. ¿Qué les parece ustedes?

* * * * *

ALGO QUE LEER DE LA BIBLIA:
Lucas 22:39-46; Lucas 23:27-38

PREGUNTAS:

1. ¿Cuánto te ama Dios?
2. ¿Cuánto amas tú a Dios?
3. ¿Cómo le puedes mostrar tu amor a Dios?

ORACION:

Nuestro Padre Celestial, sabemos que el Señor Jesús nos amó tanto que murió por nosotros. Ayúdanos a amarle y a darle nuestra vida. Nuestra vida te pertenece a Ti y necesitamos ayuda para usarla para tu obra. Te lo pedimos en el nombre de Jesús. Amén.

UN HIMNO QUE CANTAR:
La cruz excelsa al contemplar
Do Cristo allí por mí murió,
Nada se puede comparar
A las riquezas de su amor.

ALGUNOS DE LOS AMIGOS DE DIOS

DESPUES DE QUE ADAN Y EVA fueron arrojados del jardín que Dios había hecho para ellos, tuvieron que trabajar mucho para conseguir lo suficiente para comer. Pero eso no fue lo peor que les pasó por haber desobedecido a Dios. Lo más triste vino después cuando tuvieron hijos, porque sus hijos fueron malos también y siempre estaban pecando. Los hijos de esos hijos fueron aun peores, y así siguieron las cosas hasta que el mundo se llenó de gente que hacía siempre lo malo. La gente se hizo tan mala, que finalmente Dios le dijo a cierto hombre llamado Noé que hiciera un gran barco llamado arca. Dios le dijo que iba a mandar una lluvia, y que llovería tanto que toda la tierra sería cubierta por el agua. Todo quedaría debajo del agua: las casas, los árboles y las montañas. Toda la gente moriría ahogada, menos Noé, su esposa, sus hijos y las esposas de sus hijos.

Dios envió el diluvio y toda la gente murió ahogada.

Noé creyó y obedeció a Dios. Toda su familia haría lo mismo, porque Noé los había criado de esa forma. Los hijos de Noé seguramente que no querrían por esposas a mujeres que no amaban al Señor.

Al fin terminó el diluvio; se bajaron las aguas y toda la gente pecadora quedó muerta. Solamente quedaron en la tierra aquellos que habían confiado en Dios. ¿Creen ustedes que desde entonces ya no hubo pecado en el mundo y que todo fue felicidad? Desgraciadamente no sucedió así. ¿Saben por qué? Porque todavía había pecado en Noé y en su familia aun cuando todos ellos estaban tratando de amar y de obedecer a Dios. Y eso es lo que pasa en nuestro corazón también; aun después de que somos cristianos siempre queda allí pecado que está listo a manifestarse y que puede llevarnos a hacer cosas malas a menos que dejemos a Jesús gobernar completamente nuestro corazón.

Antes de mucho tiempo los hijos de Noé tuvieron hijos; pero esos hijos fueron malos, y los hijos de Noé lo fueron también, y Noé también hizo lo malo. Y cuando el mundo se llenó otra vez de gente, todos eran pecadores y todo estaba igual que antes del diluvio.

No podemos escapar de nuestros pecados sino por la sangre del Señor Jesucristo que murió para quitar nuestros pecados y para ayudarnos a vivir la clase de vida que Dios quiere que vivamos.

Hace tres mil años murió en Egipto un rey, y fue enterrado en una gran pirámide. Al lado de su cuerpo muerto pusieron muchas cosas que le habían gustado cuando estaba vivo. Había, entre otras cosas, un vaso lleno de maíz cerca de su cabeza. Cuando fue descubierta esta tumba hace unos cuantos años tomaron los granos de maíz y los sembraron. ¿Les parece que el maíz ese que tenía tres mil años podría crecer? Sí, lo hizo. Los granos brotaron, se convirtieron en plantas y produjeron más maíz.

El pecado es en nuestro corazón como aquel maíz. Por viejos que nos pongamos, el pecado siempre está listo a crecer en cualquier oportunidad. ¡No le den oportunidad! Dejen que Jesús sea el que cuide de su corazón, y El no permitirá que crezca el pecado.

* * * * *

ALGO QUE LEER DE LA BIBLIA:
Génesis 7
PREGUNTAS:
1. ¿Hicieron algo malo Adán y Eva?
2. ¿Los hijos de Adán y Eva, fueron malos también?
3. ¿Por qué mandó Dios el diluvio?
4. ¿Cómo se portaron Noé y sus hijos después del diluvio?

5. ¿Por qué no podemos ser buenos todo el tiempo?
6. ¿Qué debemos hacer?

ORACION:

Nuestro Padre que estás en el Cielo, reconocemos que nuestro corazón es muy malo y lleno de pecado. Te damos gracias porque nos perdonas y porque nos ayudas a no pecar. Te agradecémos todo esto en el nombre de Jesús. Amén.

UN HIMNO QUE CANTAR:

Fuente de la vida eterna
Y de toda bendición;
Ensalzar tu gracia tierna,
Debe cada corazón.
Tu piedad inagotable,
Abundante en perdonar,
Único Ser adorable,
Gloria a ti debemos dar.

14

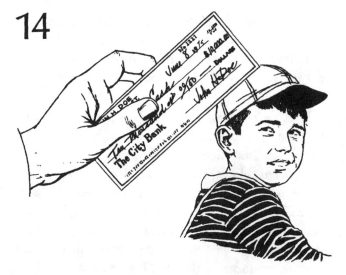

MI BUEN PASTOR

S ABEN USTEDES lo que Jesús está haciendo allá en el Cielo? Una de las cosas en que más me gusta pensar es la manera en que nos está cuidando y diciéndonos a todos que somos sus hijos y que nuestros pecados han sido perdonados. Cuando Satanás se acerca a Dios para decirle todo lo malo que hemos hecho, Jesús dice: "Sí, pero yo morí por esos pecados." Y entonces pide al Espíritu

Santo que nos haga sentirnos tristes por las cosas malas que hemos hecho, y nos ayuda a decirle a Dios que nos sentimos muy apenados por ello. El es nuestro Buen Pastor y nos ayuda a ser buenos hijos de Dios.

Jesús ama a otros también. Nos ayuda a hablarles de Dios. El da inteligencia a sus hijos para que hagan muchas clases de trabajo para que la gente de muchas clases puedan saber que Jesús murió por ellos. Esa es la razón por la que nuestros padres no todos trabajan en el mismo lugar. El Señor Jesús le ha dado a cada papá un trabajo diferente para que esté en medio de gente distinta que necesite conocer a Jesús. Dios ama a todos sus hijos y ama también a estos otros, aunque ellos no le aman a El.

Hubo una vez unos padres que eran muy pobres y tenían seis hijos. Un día un hombre rico se acercó a estos padres y les dijo: "Yo les daré dinero si ustedes me dan uno de sus hijos porque yo no tengo ninguno."

Los padres se miraron tratando de pensar en cuál de sus hijos podrían regalar. Pensaron en

Tomás, el hijo mayor; pero movieron la cabeza para indicar que no. Luego pensaron en Susanita, y pensaron en los otros cuatro, uno por uno, pero siempre decían: "No, ése no, ése no."

El hombre rico les dijo: "Les daré cien pesos por uno de ellos."

Los padres respondieron: "No."

"Les daré mil pesos."

Volvieron a responder: "No."

"Les daré diez mil," volvió a insistir el hombre rico.

¿Qué hubieran respondido ustedes? Seguramente lo que respondieron aquellos padres: "No, no le daremos a ninguno de nuestros hijos."

Jesús nos ama mucho más que lo que aman los padres a sus hijos. El no nos regalará a nadie. En el Cielo siempre está pensando en nosotros y amándonos siempre.

*   *   *   *   *

ALGO QUE LEER DE LA BIBLIA:

Romanos 8:35-39

PREGUNTAS:

1. Cuando Satanás dice que hemos pecado, ¿qué dice Jesús?

2. ¿Cuánto nos ama Jesús?
3. ¿Nos regalará El a alguien?

ORACION:

Nuestro Padre, te damos gracias porque nos amas tanto que nadie puede separarnos de Ti. Ayúdanos a amarte a Ti también y a agradarte en todo lo que hacemos. Te lo pedimos en el nombre de Jesús. Amén.

UN HIMNO QUE CANTAR:

Cristo me ama, bien lo sé,
Su Palabra me hace ver,
Que los niños son de aquél,
Quien es nuestro amigo fiel.

Cristo me ama,
Cristo me ama,
Cristo me ama,
La Biblia dice así.

15

LO MAS IMPORTANTE QUE PUEDE HACER UN NIÑO

HAN PENSADO ALGUNA vez en qué es lo mejor que puede hacer una persona? Podemos pensar en muchas cosas. Tal vez lo primero que se nos ocurre es es el ser bondadosos los unos con los otros, u obedecer a papá y a mamá. Y las dos cosas son de mucha importancia. Podemos pensar que es muy importante comer lo suficiente y dormir bien. También eso es importante, pero hay otra cosa que es mucho más importante que todo eso.

Lo más importante de todo es obedecer a Dios y hacer solamente lo que El quiere. Cuando ustedes obedecen a Dios, eso lo hace muy feliz y El les da muchas cosas buenas.

El les está guardando algunos de los mejores regalos. Se los dará cuando ustedes vayan al Cielo a vivir con El. ¡Qué hermoso día será aquel si ustedes le obedecen ahora!

A Dios le gusta darles cosas hermosas a los niños que le obedecen. ¿Cuáles serán algunas de esas cosas? Les diré una de ellas y ustedes pueden pensar en otras. Una de esas cosas es la felicidad. Si los niños obedecen a Dios, son felices; si no, si en vez de obedecerle hacen cosas malas, no tienen felicidad.

¿Qué pasa si ustedes no obedecen a Dios? ¿Importa o no importa? ¿Qué pasa cuando ustedes no obedecen a su mamá o a su papá? Ellos tienen que castigarlos. Dios los castiga por la misma razón.

Un día una maestra de Escuela Dominical estaba hablando a sus alumnos sobre la obediencia a Dios y les dijo que la voluntad de Dios debe hacerse en la tierra tal y como se hace en el Cielo. Entonces les preguntó: "¿Cómo creen ustedes que se hace la voluntad de Dios en el Cielo? ¿Cómo creen ustedes que los ángeles hacen la voluntad de Dios?"

Uno de los niños dijo: "Tan pronto como saben lo que Dios quiere que hagan, lo hacen inmediatamente."

Otro dijo: "Hacen lo que Dios les manda lo mejor posible porque lo están haciendo para Dios."

Otro más dijo: "Siempre hacen lo que Dios quiere y nunca tratan de pensar en otras cosas que hacer."

A ninguno de los otros se le ocurrió nada hasta que, después de un rato, una niñita levantó la mano y dijo: "Maestra, yo pienso que lo hacen sin hacer preguntas."

¿No es esta una buena manera de hacer la voluntad de Dios?

*   *   *   *   *

ALGO QUE LEER DE LA BIBLIA:
Hechos 5:17-29

PREGUNTAS:
1. ¿Qué es lo más importante que un niño pueda hacer?
2. ¿Cuáles son algunas de las cosas que Dios nos da cuando le obedecemos?
3. ¿Puedes decir alguna de las formas de obedecer a Dios según dijeron los niños de aquella clase de Escuela Dominical?

ORACION:
Nuestro querido Señor Jesús, ayúdanos a obedecerte en todo. Que el Espíritu Santo nos ayude a querer hacer siempre tu voluntad. Te lo pedimos en tu nombre. Amén.

UN HIMNO QUE CANTAR:
Cuando andemos con Dios, escuchando su voz,
Nuestra senda florida será;
Si acatamos su ley, El será nuestro Rey,
Y con El reinaremos allá.

Obedecer, cumple a nuestro deber;
Si queréis ser felices, debéis obedecer.

16

¿QUE PASA CUANDO LE PEDIMOS A JESUS QUE SEA NUESTRO SALVADOR?

HACE MUCHO, mucho tiempo, millones de años antes de que ustedes nacieran, ya Dios sabía que ustedes iban a nacer y ya les amaba. Durante todos esos años El estaba pensando en ustedes y esperando el día en que habrían de nacer.

Pero durante todo ese tiempo Dios estaba triste porque sabía que casi tan pronto como nacieran harían cosas malas que El no quería. El sabía que ustedes nacerían con pecado en su corazón. Sabía que tendría que castigarles por causa de sus pecados. Pero Dios no quería castigarlos por ser malos y encontró la manera de salvarlos. Se propuso sufrir el castigo El mismo en vez de castigarlos a ustedes. Así que se decidió que Jesús, el Hijo de Dios, dejara su hermoso hogar en el Cielo y viniera a la tierra para ser castigado por los pecados de ustedes y los míos.

Y eso fue lo que pasó. Dios mandó a Jesús, y Jesús murió por ustedes, y ahora ustedes pueden pedirle a Jesús que sea su Salvador.

¿Se salvan de la gran ira de Dios los niños, sus papás y sus mamás, que no quieren que Jesús sea su Salvador? No, deben querer a Jesús, deben amarle y deben servirle.

Tal vez ustedes no saben cómo pedirle a Jesús que sea su Salvador. No es difícil hacerlo. Jesús ya sabe cuando queremos ser salvados. El quiere que nos acerquemos y hablemos con El sobre eso. Podemos hablar con Jesús por medio de la oración y decirle algo como esto: "Querido Señor Jesús, yo he hecho muchas cosas malas y he disgustado a Dios por las cosas que he hecho. Dios no quiere castigarme enviándome al Infierno, y por eso te castigó a Ti, Señor Jesús, en vez de mí. El te castigó por mis pecados. Te doy gracias, Señor Jesús, por tu mucha bondad hasta el punto de sufrir y morir por mí. Yo no podía hacer nada, pero Tú me salvaste."

No tienen ustedes que usar estas mismas palabras porque Dios sabe lo que quieren decirle, y no importan las palabras que usen. Pero a veces el decir las palabras nos ayuda a comprender lo que Jesús ha hecho por nosotros.

Un papá acostumbraba tomar a su hijito en los brazos y hablarle acerca de Jesús. El niñito nunca se cansaba de oir esa bella historia. Un día, mientras el niñito estaba sentado sobre una de sus piernas, el papá le preguntó: "¿Le gustaría a mi niñito ir al Cielo?"

"Sí, papacito, claro que me gustaría," respondió el niñito.

"Pero," le dijo su papá, "¿cómo puedes ir al Cielo? En tu corazoncito hay pecado. ¿Cómo esperas ir adonde está Dios?"

"Pero todos son pecadores, papacito," dijo el niño.

"Es cierto," le respondió su papá, "pero Dios ha dicho que solamente le verán los puros de corazón. ¿Cómo puede entonces ir allí mi hijito?"

El niñito se puso muy triste y comenzó a llorar. Pero de pronto en vez de llorar comenzó a sonreír y le dijo a su papá: "¡Papacito, Jesús puede salvarme!"

Sí, Jesús tuvo mucho gusto en salvar a aquel niñito y también los quiere salvar a ustedes. ¿Le han pedido a Jesús que los salve? El quiere que le hablen de eso.

*   *   *   *   *

ALGO QUE LEER DE LA BIBLIA:

Juan 3:1-18

PREGUNTAS:

1. ¿Quién fue castigado por tus pecados?
2. ¿Tenemos que pagarle dinero a Jesús para que nos salve?

3. Si le damos una gran cantidad de dinero ¿nos salvará?

4. ¿Por qué murió Jesús en la cruz?

ORACION:

Querido Señor Jesús, sabemos que nunca podremos pagar suficiente dinero para ir al Cielo, pero te damos gracias porque Tú nos has dado la vida eterna sin que nos cueste nada para que podamos estar contigo en el Cielo para siempre. Te agradecemos mucho esto en tu bendito nombre. Amén.

UN HIMNO QUE CANTAR:

¡Cuán glorioso es el cambio operado en mi ser
Viniendo a mi vida el Señor!
Hay en mi alma una paz que yo ansiaba tener
La paz que me trajo su amor.

¡El vino a mi corazón! ¡El vino a mi corazón!
Soy feliz con la vida que Cristo me dio,
Cuando El vino a mi corazón.

17

¿POR QUE ME SALVO JESUS?

HUBO UNA VEZ UN HOMBRE que tenía un cerdo domesticado. Siempre lo tenía muy limpio y con un listón alrededor del cuello. Aquel cerdo lo seguía adondequiera que iba. Era un cerdo consentido, aunque nos parezca muy extraño.

Un día el hombre hacía un viaje en barco cruzando el océano. Mientras paseaba sobre la cubierta del barco el cerdito iba detrás de él. No se sabe cómo, pero el cerdito se cayó al mar. Entonces el dueño del cerdito fue corriendo al capitán del barco y le dijo: "¡Detenga el barco, mi cerdito se ha caído y se va a ahogar!"

El capitán se rió del hombre y le dijo: "No podemos detener este barco por un cerdo."

"¿Y si fuera un hombre el que se cayera al mar, detendría usted el barco?" dijo el dueño del cerdito.

"Seguro," respondió el capitán.

Entonces aquel hombre brincó al mar, y el barco tuvo que detenerse, y tanto el hombre como su cerdo fueron recogidos y llevados de nuevo al barco.

¿No fue una verdadera tontería arriesgar la vida por un cerdo?

Ustedes recuerdan, sin embargo, que Jesús dio su vida por nosotros, y nosotros somos peores que puercos porque somos pecadores. Jesús bajó hasta el océano de pecado donde estábamos y nos levantó, y nos dio a Dios que es el Capitán del barco. Y Dios nos tomó con regocijo y nos hizo sus hijos.

Ahora somos pecadores salvados y hemos sido transformados, cambiados en hijos de Dios. Ahora tanto los ángeles como Satanás y sus amigos malos pueden ver cuán grande es el amor de Dios. Es tan grande, que ha sido capaz de tomarnos, aunque somos pecadores, peores que los cerdos, y nos ha dado un nuevo corazón que ama al Señor Jesús. Todos los ángeles del Cielo alaban a Dios por lo que ha hecho por ustedes. Están muy contentos porque ustedes aman a Jesús.

A veces los que cultivan flores tienen un concurso para ver quién cultiva las flores más lindas. ¿Saben ustedes que si son del Señor Jesús son ahora bellas flores de su jardín? No son como los cerdos. Y ahora Jesús puede traer a su jardín a los ángeles para que vean en ustedes un ejemplo de lo grande y lo bueno que es Dios. Por supuesto, ustedes entienden que no estamos hablando de un jardín real y de flores reales, sino de cuánto los ama Jesús y de cómo ha cambiado El el corazón de ustedes.

Es lástima que todavía no seamos todo lo que Dios quiere que seamos. Si nos observamos el uno al otro, podemos ver que todavía hacemos muchas cosas malas y que nuestra vida no es todavía muy hermosa. Pero a Dios le gusta pensar en nosotros tal y como seremos después de que hayamos muerto, y cuando El nos ve, se da cuenta de que hemos sido perdonados y de que algún día seremos lindas flores en su jardín. Eso no quiere decir que efectivamente nos vamos a convertir en flores; es solamente una manera de expresar lo bello que es el Cielo y lo hermoso que será estar allí con Dios.

El pensar en cerdos y lindas flores puede ayudarnos a entender todo lo que Dios ha hecho por nosotros y todo lo que va a hacer después.

*　　*　　*　　*　　*

ALGO QUE LEER DE LA BIBLIA:
Lucas 15:3-7, 11-24

PREGUNTAS:
1. ¿Puede el cerdo convertirse en cordero?
2. ¿Pueden los pecadores convertirse en hijos de Dios?
3. ¿Quién puede cambiarnos en hijos de Dios?
4. Dí cómo se puede llegar a ser hijo de Dios.

ORACION:

Gracias, Señor Jesús, por haber muerto por mí. Amén.

UN HIMNO QUE CANTAR:

¿Quieres ser salvo de toda maldad?
Tan sólo hay poder en mi Jesús.
¿Quieres vivir y gozar santidad?
Tan sólo hay poder en Jesús.

Hay poder, poder, sin igual poder,
En Jesús, quien murió;
Hay poder, poder, sin igual poder,
En la sangre que El vertió.

18

SI TRATO DE SER BUENO, ¿ME SALVARA JESUS?

SABEN USTEDES que nunca podremos ser lo suficientemente buenos para ser salvos? Algunos piensan: "Si trato de ser realmente bueno y hacer lo que mi papá y mi mamá me dicen; y hago lo que mis maestros me ordenan, y soy amable con los demás niños, y nunca discuto o peleo o me enojo; y nunca robo nada ni le hago mal a nadie;

entonces, por ser tan bueno, Dios me llevará al Cielo."

Pero eso no es cierto. Esa no es la manera como vamos al Cielo. El problema es que no importa cuán buenos tratemos de ser, estamos haciendo, diciendo y pensando cosas que no son buenas. Probablemente no pasa un día sin que digamos una palabra de disgusto o tengamos algún pensamiento malo. Eso quiere decir que en nuestro corazón todavía hay maldad.

Y aun si pudiéramos guardarnos de hacer siquiera una cosa mala durante todo el resto de la vida, ¿cómo escaparíamos de las cosas malas que hicimos el año pasado o ayer o el día de hoy?

¿Cuántos pecados tenemos que hacer antes de que Dios tenga que castigarnos? ¿Serán cien? No, *uno* es suficiente; y todos nosotros hemos pecado no solamente una vez, sino muchas, muchas veces.

Y además, cuando Adán y Eva pecaron en el Jardín del Edén al comer del fruto del árbol prohibido, lo que hicieron fue de tales consecuencias que sus hijos nacieron con corazones malos. Esa es la razón por qué hasta un niño muy pequeñito muchas veces no quiere hacer lo que su mamá le dice y se pone enojado y llora y patalea.

Y puesto que nacemos ya con un corazón malo y hemos hecho muchas cosas malas, Dios no puede permitirnos ir al Cielo sólo porque estemos tratando de ser buenos. No, Dios siempre castiga el pecado, y El debe castigar los pecados de ustedes aunque prometan ser buenos de aquí en adelante.

Pero El castigó a Jesús en vez de castigarlos a ustedes. Jesús murió por los pecados de ustedes y recibió el castigo que ustedes merecían. ¡Cuánto debió haberlos amado Jesús para estar dispuesto a morir en el lugar de ustedes!

Jorge se había robado una bicicleta y luego la había dejado abandonada en la calle. Pasó un automóvil encima de ella y la hizo pedazos. Era la bicicleta de Jaime, y Jaime sabía que Jorge se la había robado. Entonces Jaime le dijo a Jorge: "Me tienes que comprar una bicicleta nueva."

"No," le dijo Jorge; "siento mucho haberte robado la bicicleta y que el automóvil te la haya hecho pedazos, pero yo no voy a robarte otra bicicleta. Si ahora trato de ser bueno, no tendré que pagarte la bicicleta."

¿Tenía razón Jorge? El lamentar lo sucedido y el tratar de ser bueno, ¿es suficiente?

Si ustedes sienten tristeza por sus pecados y tratan de ser buenos de aquí en adelante, ¿eso es suficiente?

* * * * *

ALGO QUE LEER DE LA BIBLIA:

Romanos 3:10-18, 23

PREGUNTAS:

1. ¿Nunca has hecho algo malo? ¿Qué fue?
2. ¿Cuántas cosas malas tenemos que hacer para no poder ir al Cielo?
3. ¿Cómo puedes ir al Cielo?

ORACION:

Nuestro Padre que estás en el Cielo, hemos pecado y hecho muchas cosas malas, pero te damos gracias porque Jesús murió por nuestros pecados y ha ido a preparar un lugar para nosotros en el Cielo. En su nombre te agradecemos esto. Amén.

UN HIMNO QUE CANTAR:

"En la Cruz, en la Cruz"

19

UN HIJO DEL REY

A VECES DECIMOS que un cristiano es un hijo de Dios. ¿Qué queremos decir con eso? ¿Quiere decir que ya no tenemos papá ni mamá? Por supuesto que no. Dios nos ha dado a nuestros padres para que nos cuiden y nos amen, pero ahora tenemos a Alguien que nos ama aun más y que nos cuida todavía mejor. Ese Alguien es Dios.

Cuando nosotros amamos a su Hijo Jesús, El

nos adopta, nos recibe en su familia, y nos convertimos en sus hijos al mismo tiempo que seguimos siendo hijos de nuestros padres. ¿No es eso algo grande?

¿Se han preguntado ustedes alguna vez por qué Dios nos permite ser sus hijos? ¿Por qué quiere El hijos que tienen pecado en el corazón y que son egoistas y nada amables? No podemos entender por qué El es tan bueno, pero la Biblia nos dice que Dios no se avergüenza de llamarnos sus hijos. Nunca trata de librarse de nosotros o de echarnos de su lado; nos ama aun cuando somos malos. El no tiene favoritos a quienes quiere tener cerca de El, entretanto que a otros los quiere ver lejos. El los ama a ustedes con todo su amor, y los ama siempre; y aun cuando hayan sido malos, El sigue amándolos con el mismo amor. Aun cuando El deba castigarlos, los sigue amando con todo su amor, porque son ustedes sus hijos si aman a Jesús como su Salvador.

Cuando Dios viene a ser el Padre de ustedes, entonces Jesús viene a ser el Hermano mayor. ¡Qué raro y qué hermoso es tener como Hermano a Aquel que nos hizo y que hizo el mundo! Pero Jesús es el Hijo de Dios y nosotros somos hijos de Dios también, y así Jesús viene a ser nuestro amado Hermano mayor. La Biblia nos dice que El no se avergüenza de llamarnos hermanos.

El no se avergüenza de nosotros porque murió para hacernos buenos, y para convertirnos en sus pequeños hermanos y hermanas. Murió para hacernos parte de su familia, de la familia de Dios; y de esa manera ahora Jesús comparte con nosotros todas las cosas buenas que Dios le ha dado a El. El nos da vida eterna. El nos llevará al Cielo y nos dará allí cosas muy hermosas. Quitará todos nuestros pecados para que al fin podamos ser la clase de hijos de Dios que debemos ser.

Hubo una vez un gran rey que era muy rico. Tenía muchos sirvientes y vivía en un hermoso castillo hecho de oro. Un día, mientras el rey caminaba por la calle con algunos sirvientes, vio a un pequeño limosnero que llevaba sus ropas muy rotas y se veía que tenía hambre. El rey averiguó que aquel niño no tenía ni papá ni mamá; así que se lo llevó al palacio y lo hizo hijo suyo. El rey

amó a su nuevo hijo y le dio muchos regalos valiosos.
Cuando aquel niño tuvo la edad suficiente, ayudó
a aquel gran rey a gobernar parte de su reino.

Ustedes y yo somos como aquel niño pequeño
porque hemos sido llevados a formar parte de la
familia de Dios, y El nos da regalos muy valiosos,
y algún día nos pedirá que le ayudemos a gobernar
su reino.

* * * * *

ALGO QUE LEER DE LA BIBLIA:
  Romanos 8:14-17

PREGUNTAS:
1. ¿Quiere Dios que seamos sus hijos porque
    somos muy buenos?
2. ¿Puede cualquiera llegar a ser hijo de Dios?
3. ¿Nos sigue amando Dios cuando somos malos?
4. ¿Cómo nos castiga Dios? ¿Nos sigue amando
    cuando nos castiga?
5. Si Dios es nuestro Padre, entonces Jesús, su
    Hijo, es nuestro .... mayor.

ORACION:
Nuestro amado Padre, qué contentos estamos de
que Tú nos hayas permitido ser hijos tuyos y

hermanos de nuestro Señor Jesucristo. Te damos gracias por ser tan bueno con nosotros. Nos aceramos a Ti, oh Dios, en el nombre de Jesús. Amén.

UN HIMNO QUE CANTAR:

Soy peregrino aquí, mi hogar lejano está
En la mansión de luz, eterna paz y amor;
Embajador yo soy del reino celestial
En los negocios de mi Rey.

Este mensaje fiel oid,
Mensaje de su paz y amor;
"Reconciliaos ya," dice el Señor y Rey.
¡Reconciliaos hoy con Dios!

20

¿DONDE ESTABA JESUS ANTES DE NACER?

E N LA NAVIDAD CANTAMOS los himnos que hablan del nacimiento de Jesús en un pesebre, y leemos cómo se alegraron los ángeles, los pastores y los magos porque El nació.

¿Pero sabían ustedes que Jesús tenía vida y estaba con su Padre celestial en el Cielo muchos millones de años antes de que viniera a nacer en Belén? El había estado siempre en el Cielo con Dios, porque El es Dios. En el Cielo millones de ángeles se inclinaban delante de El y le cantaban hermosos himnos alabando su bondad y su esplendor.

Un día, estando El en el Cielo, hizo al mundo; y otro día hizo a Adán y a Eva. Pero Adán y Eva desobedecieron a Dios y se convirtieron en pecadores. Tenían que ser castigados, pero Jesús no quiso que los castigaran. El no quiere tampoco que ustedes sean castigados. Y entonces dijo: "Yo iré y moriré, y seré castigado por los pecados de ellos."

Y llegó finalmente el día cuando el Señor Jesús dejó el Cielo y a los millones de ángeles que le amaban, y vino a este mundo y nació. Pero en realidad El no fue como los otros niños recién nacidos porque El es Dios. ¡Cuánto debió habernos amado Jesús para desear convertirse en un recién nacido para después crecer y morir por nuestros pecados!

A un anciano de noventa años le preguntó su

pastor un día: "Mi querido y viejo amigo, ¿ama usted a Jesús?"

El rostro lleno de arrugas de aquel anciano se iluminó con una sonrisa porque había amado a Jesús durante sesenta y siete años. Tomó las manos del ministro entre las suyas y le dijo: "Yo podría decirle algo mejor que eso que usted me pregunta."

El ministro entonces le dijo: "¿Qué tiene que decirme?"

"Señor," le respondió el anciano, "lo que tengo que decirle es que *El me ama a mí.* El me amó cuando estaba con Dios en el Cielo antes de que viniera a nacer en Belén. El me ama ahora, y me amará siempre, después de que yo haya muerto y me vaya al Cielo para estar con El."

*   *   *   *   *

ALGO QUE LEER DE LA BIBLIA:

Juan 14: 1-12

PREGUNTAS:

1. ¿Sabes cuántos años hace que Jesús nació en Belén? Si no, pregúntale a papá o a mamá.
2. ¿Dónde estaba Jesús antes de que naciera en Belén?

3. ¿Por qué decidió Jesús dejar el Cielo para venir a nacer en la tierra?
4. ¿Te ama Jesús?
5. ¿Le amas tú?

ORACION:

Querido Señor Jesús, te damos gracias porque quisiste dejar el Cielo para venir a vivir por algunos años en la tierra. Te damos gracias por haber venido a morir por nosotros. En tu nombre. Amén.

UN HIMNO QUE CANTAR:

Tú dejaste tu trono y corona por mí,
Al venir a Belén a nacer;
Mas a ti no fue dado el entrar al mesón
Y en establo te hicieron nacer.

Ven a mi corazón, ¡oh Cristo!
Pues en él hay lugar para ti;
Ven a mi corazón, ¡oh Cristo! ven,
Pues en él hay lugar para ti.

EN QUE FORMA EL NIÑITO JESUS ERA DIFERENTE DE CUALQUIER OTRO NIÑITO

L A NAVIDAD es una época del año llena de alegría. Es el tiempo cuando recordamos que Dios nos dio el más hermoso regalo, a Jesús.

Nos gusta leer todo lo que sucedió cuando el niñito Jesús nació en Belén; lo del ángel que les anunció a los pastores el gran acontecimiento; lo de los pastores yendo a Belén a adorar al niño; lo de los magos que llegaron de muy lejos para ofrecer sus regalos al niñito Jesús.

¿Sabían ustedes que hubo algo maravilloso en la manera como nació Jesús? Fue que María era su madre, pero el esposo de ella, que se llamaba José, no era su padre. Ningún hombre fue padre de Jesús, porque Dios era su Padre.

¿Por qué es importante que Dios es el Padre de Jesús? ¿Habría habido alguna diferencia si José hubiera sido su padre? Seguramente que sí. Si Dios no hubiera sido su Padre, entonces Jesús no hubiera podido sanar a los enfermos ni resucitar a los muertos. Pero además, y esto hubiera sido lo peor, Jesús hubiera sido como ustedes y yo, con un corazón que tiene maldad. Si Jesús tuviera un corazón malo, no hubiera podido morir en nuestro lugar. Tendría necesidad de morir por sus propios pecados y no por los nuestros. Pero Jesús no murió por sus propios pecados. No tenía ningunos, porque Dios es su Padre. Ya ven ustedes por qué es tan importante saber que José no fue su padre.

Cuando hablamos de este hecho raro y maravilloso de que Jesús tuvo una madre pero que ningún hombre fue su padre, decimos que Jesús nació de una virgen. Ningún otro niño ha nacido de una virgen, porque todos han tenido que tener un padre. Jesús no tuvo necesidad de un padre humano porque Dios era su Padre.

Una vez un hombre estaba mirando a unas hormigas que caminaban por el suelo. Las siguió hasta donde vivían y encontró un gran agujero con miles de pequeñas hormigas dentro de él. Y el hombre se puso a pensar: "Si yo quisiera hablar con estas hormigas, ¿cómo lo haría? Podría gritarles, pero no me oirían ni me entenderían. Les podría escribir una carta, pero no podrían leerla." Finalmente se dijo: "Si yo pudiera convertirme en hormiga entonces sí que podría hablarles y ellas me entenderían."

Y luego pensó: "Esa es la forma en que Dios lo hizo también. No solamente nos miró desde el Cielo sino que se hizo como uno de nosotros para hablarnos de su amor. Esa es la razón por la cual vino Jesús y nació como un bebé, y creció para hablarnos del amor de Dios y para mostrarnos ese amor muriendo por nosotros.

* * * * *

ALGO QUE LEER DE LA BIBLIA:

Mateo 1:18-25

PREGUNTAS:
1. ¿Quién fue la madre de Jesús?
2. ¿Quién fue el Padre de Jesús?
3. ¿Quién era José?
4. ¿Habría tenido alguna importancia en cuanto a nuestros pecados si José hubiera sido el padre de Jesús?

ORACION:

Nuestro Padre, qué hermoso es que Jesús es tu Hijo. Te damos gracias porque El no tuvo pecado y porque El murió por nosotros y por nuestros pecados. Queremos estar entre aquellos por los cuales El murió. Te damos gracias porque Tú estás dispuesto a recibirnos. En el nombre de Jesús. Amén.

UN HIMNO QUE CANTAR:
¡Noche de paz, noche de amor!
Todo duerme en derredor,
Entre los astros que esparcen su luz,
Bella, anunciando al niñito Jesús,
Brilla la estrella de paz, brilla la estrella de paz.

LOS MILAGROS DE JESUS

P ROBABLEMENTE ustedes recuerdan algunas de
las cosas maravillosas que hizo Jesús cuando
estuvo en la tierra. ¿Recuerdan cuando Jesús y
sus discípulos se encontraban en un barco cruzando
el mar de Galilea y se desató una gran tempestad?
Tal vez ustedes pueden contar lo que pasó; cómo
los discípulos tuvieron mucho miedo mientras el
Señor Jesús dormía; y fueron adonde El estaba
y lo despertaron diciéndole: "¿Maestro, no te da

cuidado que el barco se está hundiendo y que nos vamos a ahogar? ¿Por qué no nos ayudas?" Jesús sintió mucho que ellos tuvieran tanto miedo porque eso quería decir que no tenían confianza en que El cuidaría de ellos. Entonces mandó al viento y a las olas que se estuvieran quietos e inmediatamente se acabó la tempestad.

¿Recuerdan la ocasión cuando Lázaro, un amigo de Jesús, murió? Sus amigos lo sepultaron, y cuando Jesús llegó, ya Lázaro tenía cuatro días y cuatro noches de haber muerto. Jesús fue al lugar donde el cuerpo de Lázaro estaba sepultado y le mandó vivir otra vez, y Lázaro vivió.

¿Y recuerdan aquella vez cuando Jesús les dio de comer a cinco mil personas con sólo cinco panes y dos pescados? Conforme iba partiendo el pan y el pescado, siempre quedaba más que partir y dar a la gente.

Y en otra ocasión, cuando una niñita estaba enferma, Jesús la curó sin necesidad de medicinas o de doctores.

Jesús hizo muchas, muchas cosas maravillosas como esas. Y es bueno que pensemos en esos hechos maravillosos, porque son milagros. Un milagro es algo que Dios hace y que la gente no puede hacer. El doctor no puede sanar a nadie inmediatamente, y nadie puede hacer que las personas ya muertas vivan otra vez; eso solamente lo puede hacer Dios.

Y puesto que Jesús es Dios, es natural esperar que El haga algunos milagros para que la gente sepa que El es diferente de los demás.

Después de que Jesús se fue al Cielo, Dios dio a Pedro, a Pablo y a otros de sus discípulos, el poder de hacer milagros. Pedro, por ejemplo, hizo que un hombre cojo pudiera andar bien. En otra ocasión, Pedro estaba en la cárcel porque hablaba a la gente acerca de Jesús. Entonces Dios mandó a un ángel para que le abriera las puertas de la cárcel y le quitara las cadenas de sus manos y de sus pies. Ese fue un milagro muy grande.

Algunas veces los prestidigitadores a magos hacen cosas que parecen verdaderos milagros. Pero los magos hacen uso de ciertas tretas o juegos de manos para hacernos pensar que realmente está ocurriendo algo cuando en realidad no está ocurriendo nada. Una de sus tretas favoritas es mostrarnos el interior de un sombrero que no tiene nada, y luego, de pronto, sacan un conejo. Eso lo hacen para hacernos creer que ellos hicieron el conejo y que pueden hacer cualquier cosa de nada. Pero esto no es verdad, porque ponen el conejo dentro del sombrero cuando no los miramos.

Algunas personas que no aman al Señor Jesús han dicho que tal vez los milagros que Jesús hizo fueron trucos como los de los magos. Pero ningún mago ha podido hacer vivir de nuevo a alguien ya muerto, ni hacer algunas de las otras cosas que Jesús hizo. No, Jesús no es un mago, es Dios; y por eso puede dar vida a la gente si quiere.

¿Hay milagros todavía hoy? Sí, a veces las hay. A veces cuando oramos por las personas que están muy enfermas, y ya los doctores no pueden hacer nada por ellas, Dios las cura. Generalmente El permite que los doctores sean los que curan las enfermedades, pero a veces El lo hace sin usar los conocimientos que ellos tienen ni sus medicinas.

Cada vez que oramos estamos esperando que Dios haga un milagro; le estamos pidiendo que haga algo que nosotros no podemos hacer. Le estamos pidiendo que El haga las cosas en nuestro lugar porque son muy difíciles para nosotros.

Aquí está un milagro que sucedió no hace mucho. Un día una misionera iba por un camino de la China. Repentinamente le salieron al camino algunos ladrones y le robaron no solamente el dinero, sino también sus lentes. Ella necesitaba mucho sus lentes, ya que no podía ver muy bien sin ellos. El oculista se encontraba a cientos de kilómetros de aquel lugar y no le era posible conseguir lentes nuevos. Entonces le pidió a Dios que la ayudara. Cuando iba de regreso a su casa recordó que tenía guardados por allí otro par de lentes. Al llegar, los encontró, y le dio gracias a Dios por ello. Se los puso, pero los lentes no servían; todo lo veía borroso. Entonces se los quitó y se sintió muy triste. Pero luego notó algo, ¿qué creen ustedes? ¡Pues se dio cuenta de que podía ver perfectamente bien sin los lentes! Dios le había curado la vista para que ya no tuviera necesidad de lentes. Dios había contestado su oración. Ella había orado que Dios le diera otros lentes, y en lugar de lentes Dios le había curado la vista. Esto es algo que sucedió realmente y un buen ejemplo de los milagros que pueden ocurrir hoy.

¿Siempre hace Dios un milagro cuando se lo pedimos? No, algunas veces no nos da lo que le pedimos. Debemos tener cuidado de pedirle solamente que nos dé lo que El piensa que debemos tener, y no pedirle lo que a nosotros nos gustaría tener. Y luego debemos confiar en El y estar contentos.

*   *   *   *   *

ALGO QUE LEER DE LA BIBLIA:

Marcos 6:32-44

PREGUNTAS:

1. ¿Qué es un milagro?
2. ¿Cuál fue uno de los milagros que Jesús hizo?
3. ¿Qué es un mago o prestidigitador? ¿Puede hacer milagros?
4. ¿Recuerdas algún milagro que Jesús haya hecho por ti después de haber orado tú pidiéndole algo?

ORACION:

Querido Señor Jesús, te damos gracias por los grandes milagros que hiciste como cuando le devolviste la vista a un ciego. Te damos gracias también porque quieres que nosotros oremos a Ti y porque Tú estás dispuesto a hacer grandes cosas por nosotros. Ayúdanos a orar y confiar en Ti. En tu nombre te lo pedimos. Amén.

UN HIMNO QUE CANTAR:

Cantaré la bella historia
Que Jesús murió por mí;
Cómo allá en el Calvario
Dio su sangre carmesí.

Cantaré la bella historia
De Jesús mi Salvador,
Y con santos en la gloria
A Jesús daré loor.

23

LA MUERTE DE JESUCRISTO

AHORA DEBEMOS HABLAR de una de las cosas más terribles, más extrañas, y sin embargo más maravillosas que han acontecido. ¿Recuerdan ustedes cómo Adán y Eva comieron del fruto del cual Dios les había dicho no comieran? Esa fue la primera vez en que el pecado entró en su corazón, y en ese mismo momento les fue cambiado su cuerpo para que se hicieran viejos y murieran.

Y todo el mundo que les rodeaba fue diferente; espinas y cardos crecieron por todas partes; animales como los leones y los tigres sintieron el deseo de comerse a otros animales como las ovejas y también quisieron comerse a Adán y a Eva. Y todas esas cosas raras sucedieron porque Adán y Eva habían pecado.

Pero lo peor de todo es que Dios decidió que Adán y Eva vivieran para siempre lejos de El, en el Infierno. ¡No podía haber ocurrido una cosa más espantosa! ¡Cuánto desearíamos que Adán y Eva hubieran obedecido a Dios y nunca, nunca hubieran pecado!

Pero no olviden jamás que Dios amaba a Adán y a Eva, así como los ama a ustedes; y ustedes han pecado tanto como Adán y Eva y merecen tanto castigo como ellos. Y porque Dios los amó a ustedes, decidió castigar a Jesús en vez de a ustedes.

Ustedes o yo no podríamos ser castigados por los pecados de otro, porque nosotros tenemos tantos pecados propios que merecen el castigo. Pero Jesús, el Hijo de Dios, nunca pecó. El era el único nacido en este mundo que podía morir por el pecado de los demás. Y El murió por el pecado de ustedes.

¿Saben ustedes cómo murió Jesús? Unas personas que no le querían se apoderaron de El y lo clavaron a una cruz, y allí murió. Eso hizo sufrir mucho al Señor Jesús porque los clavos traspasaron sus manos y sus pies. Pero Jesús tuvo un dolor mayor que el dolor que le causaron los clavos. No podemos todavía entender las formas en que Jesús sufrió, pero sabemos que por vez primera Dios apartó su rostro de su Hijo, y el Señor Jesús se quedó en las tinieblas lejos de Dios. ¡Piensen en eso! Jesús, que no tenía ninguna necesidad de sufrir o de morir, quiso sufrir y morir por ustedes, y lo hizo.

Y ahora los pecados de ustedes pueden ser perdonados. Y todo el que quiera ser salvo puede tener ese mismo perdón. Si ustedes le dicen a Dios que aceptan a Jesús que murió en su lugar, Dios está dispuesto a perdonarles.

Hace unos cien años, cuando los soldados no hacían lo que los oficiales les ordenaban, eran azotados cruelmente hasta que sus espaldas sangraban. Un día los soldados que ocupaban una de las tiendas de campaña robaron dinero a los soldados de la tienda al lado. Nadie quiso decir quién de entre ellos había robado el dinero. Así que los oficiales les dijeron que los azotarían a todos si no decían quién lo había hecho.

Uno de los soldados, el más joven de todos, se adelantó y dijo: "Castíguenme a mí para que los demás no tengan que ser castigados. Yo no robé el dinero, pero yo quiero ser castigado por aquellos que lo hicieron."

El oficial que los estaba interrogando se puso muy triste porque estaba seguro de que aquel muchacho no había robado el dinero; el muchacho era, además, muy débil, y temía que si lo castigaba se pusiera enfermo. Pero al fin se decidió a azotarlo.

Lo amarraron a un árbol y le quitaron la camisa. El primer latigazo cayó sobre las espaldas del muchacho y le hizo la primer herida pero no gritó. Recibió el segundo latigazo y en su carne se abrió otra herida. Recibió todavía un tercer latigazo, y entonces uno de los soldados, el que había robado el dinero, dio un paso al frente y dijo: "¡Dejen ya de azotarlo! Yo robé el dinero. No lo azoten más. Azótenme a mí en su lugar."

Pero el muchacho respondió: "No, él ya me ha azotado y no te puede azotar a ti ahora. Yo he recibido los azotes que tú debías haber recibido."

Y fue así que no azotaron al soldado que había robado el dinero; porque ya habían azotado al otro en su lugar.

Como lo temía el oficial, esa noche el valiente muchacho murió porque el castigo que le dieron fue muy superior a sus fuerzas.

Tal vez este relato les ayude a entender cómo fue que el Señor Jesucristo, el que hizo el Cielo, la tierra y a todos nosotros, vino a este mundo y fue castigado para que ustedes y yo quedáramos libres.

¿Le han dado gracias a Jesús por haber muerto por ustedes?

* * * * *

ALGO QUE LEER DE LA BIBLIA:
Isaías 53: 1-12

PREGUNTAS:

1. ¿Cuándo hizo Dios los cardos y los espinos?
2. Antes de que Adán y Eva hubieran pecado, ¿cómo eran los animales? ¿Se perseguían los unos a los otros? ¿Se comían los unos a los otros?
3. ¿Qué sucedió en el corazón de Adán y Eva cuando desobedecieron a Dios? Si no hubiera pecado en el mundo, ¿habría pleitos? ¿Por qué, o por qué no?
4. ¿Podríamos ser castigados por Dios por los pecados de otro si quisiéramos ayudarle en este sentido? ¿Por qué no?

ORACION:

Nuestro Dios y Padre Celestial, sabemos que aun los niñitos que te desobedecen necesitan al Señor Jesús para que los salve. Te damos muchas gracias porque El murió por nosotros. Ayúdanos, querido Padre, a amarle, a confiar en El y a obedecerle siempre. En el nombre de Jesús te lo pedimos. Amén.

UN HIMNO QUE CANTAR:

Mi vida di por ti, mi sangre derramé,
La muerte yo sufrí, por gracia te salvé;
Por ti la muerte yo sufrí, ¿Qué has dado tú por mí?
Por ti la muerte yo sufrí, ¿Qué has dado tú por mí?

24

JESUS VUELVE A VIVIR

PEDRO, SANTIAGO, JUAN y los demás discípulos se pusieron muy tristes cuando Jesús murió en la cruz. Habían pensado que El iba a ser su Rey porque había hecho tantos milagros y les había dicho muchas cosas acerca de Dios. Estaban muy sorprendidos de que Dios dejara morir a Jesús. Probablemente se preguntaban si El era realmente

Jesús, el Hijo de Dios, o si al contrario no fuera más que un gran amigo que había muerto.

Durante tres días los discípulos iban de aquí para allá sin saber qué hacer sin Jesús. Pero el domingo por la mañana algunos discípulos que fueron al sepulcro donde habían sepultado a Jesús, se quedaron sorprendidos de que el sepulcro estuviera vacío y de que Jesús no estuviera allí. Pensaron que alguien había ido al sepulcro y había robado el cuerpo, o que al menos lo habían enterrado en otra parte.

Pero mientras pensaban en estas cosas, llegaron algunos ángeles y les dijeron que Jesús había vuelto a vivir. Dios lo había resucitado. Pronto los encontraría y hablaría con ellos. Los discípulos apenas podían creerlo, pero no mucho tiempo después, cuando estaban platicando juntos, de repente Jesús estaba en el medio de ellos. Parecía el mismo de antes, pero ahora tenía un cuerpo nuevo, y podía atravesar las paredes y entrar en cualquier parte sin necesidad de hacerlo por la puerta. Repentinamente podía estar allí y repentinamente podía irse.

Dios ha prometido hacer a sus hijos vivir después de que hayan muerto. ¿Puede hacerlo? Seguro que sí. Nosotros lo sabemos porque El hizo vivir a Jesús de nuevo; y por eso no nos preocupa tener que morir sabiendo que volveremos a vivir. Dios lo ha dicho.

Algunas personas dicen: "¿Cómo saben ustedes que Jesús realmente salió del sepulcro?" Una de las formas de saber que Jesús estaba muerto y que volvió a vivir, es ver lo que pasó con los discípulos. Se habían puesto muy tristes cuando Jesús murió, pero tres días después estaban tan contentos porque habían visto a Jesús otra vez, que no sabían qué hacer de gusto. La mayor parte de ellos al fin fueron muertos porque siguieron diciendo por todas partes que Jesús estaba vivo. Y no lo hubieran creído ni lo hubieran dicho sabiendo que podían matarlos, si realmente no hubieran visto vivo a Jesús, después de que estaban seguros de que había muerto.

Tres días después de que Jesús había muerto, dos de sus amigos iban por un camino; los dos iban muy tristes platicando sobre cómo había muerto cuando ellos pensaban que iba a vivir para siempre y que iba a ser un gran Rey. Mientras platicaban, se les acercó un Hombre y comenzó a caminar junto a ellos. Les preguntó por qué estaban tan tristes, y ellos de dijeron que porque Jesús había muerto. Entonces aquel Hombre les dijo:

"¿No saben ustedes lo que las Escrituras dijeron hace muchos años, que cuando Jesús viniera a la tierra, moriría? No les sorprenda que haya muerto, porque así se nos había dicho."

Y entonces aquel Hombre les comenzó a decir todo lo que el Antiguo Testamento había dicho sobre la muerte de Cristo por nuestros pecados. Y les explicó que si Jesús no hubiera muerto nuestros pecados no podrían ser perdonados.

Los dos hombres le pidieron que fuera con ellos a su casa y les siguiera platicando más, y El fue. Apenas se habían sentado a la mesa para cenar, cuando algo pasó de repente; se dieron cuenta de que aquel Hombre era el mismo Jesús. Era Jesús el que les había explicado por qué había muerto. Se quedaron tan sorprendidos que a explicarles estas cosas porque ya no volverían a estar tristes!

¡Estaban tan felices de haber visto a Jesús! ¡Estaban tan alegres de que Jesús hubiera venido a explicarles estas cosas porque ya no volverían a estar tristes!

Se levantaron rápidamente de la mesa y fueron a decirle a sus amigos que Jesús estaba vivo porque ellos lo habían visto.

*   *   *   *   *

ALGO QUE LEER DE LA BIBLIA:

Juan 20:1-18

PREGUNTAS:

1. ¿Por qué se sorprendieron los discípulos cuando fueron al sepulcro de Jesús?
2. ¿Qué le había pasado a Jesús?
3. ¿Después de que Jesús vivió otra vez, ¿qué podía hacer su cuerpo que no puede hacer ni el tuyo ni el mío?
4. ¿Puedes repetir la historia de Jesús y de sus dos amigos que iban por un camino?

ORACION:

Nuestro Padre que estás en el Cielo, te damos gracias porque Jesús vivió de nuevo. Te damos gracias porque, por cuanto El vive, nosotros también viviremos. Ayúdanos a pensar mucho y con frecuencia en tu amor y en tu poder. En el nombre de Jesús te lo pedimos. Amén.

UN HIMNO QUE CANTAR:

La tumba le encerró, Cristo, mi Cristo;
El alba allí esperó, Cristo el Señor.

Cristo la tumba venció, y con gran poder resucitó;
De sepulcro y muerte Cristo es vencedor,
Vive para siempre nuestro Salvador.
¡Gloria a Dios! ¡Gloria a Dios!
El Señor resucitó.

25

JESUS VUELVE A SU PADRE EN EL CIELO

HAN ESTADO USTEDES LEJOS de su papá y de su mamá por un día o dos? Tal vez era cuando visitaban a algún amigo o a la abuelita. ¿Recuerdan qué contentos estaban de volver a casa otra vez? Y aun si nunca han estado lejos de su casa pueden imaginar qué bueno es regresar al lado de papá y de mamá.

133

Cuando Jesús dejó a su Padre en el Cielo y vino al mundo a vivir, iba a estar lejos de su hogar durante treinta y tres largos años. Imaginen ustedes cómo debe haber deseado volver a su Hogar lleno de ángeles. Al fin terminaban los treinta y tres años y había llegado el tiempo de regresar al Cielo.

Llevó a sus discípulos a una colina, y mientras hablaba con ellos, comenzó a elevarse al cielo. Una nube se movió hacia donde El estaba; la nube lo envolvió, y ellos ya no le pudieron ver.

Nosotros no sabemos adónde se fue; lo que sabemos es que se fue al Cielo para estar con su Padre. No sabemos dónde se encuentra el Cielo. Tal vez esté a millones y millones de kilómetros de aquí. Pero probablemente Jesús llegó allá en un momento.

¡Qué maravilloso sería la llegada de Jesús al Cielo! Millones de ángeles lo estaban esperando, y todos cantaban cánticos de gloria y de felicidad porque su Señor Jesús había regresado al Hogar. Los ángeles se inclinaban delante de El, maravillados de que dejara las glorias del Cielo para venir a la tierra a salvarnos a ustedes y a mí. Y ahora El estaba de regreso, y ellos veían cómo Dios, el Padre Todopoderoso, daba la bienvenida a Jesús, su Hijo, que regresaba al trono glorioso sobre el cual los dos podían sentarse ahora y para siempre.

¿Todavía está Jesús en el Cielo? Sí, todavía está allí. ¿Saben ustedes lo que está haciendo? Está preparando un lugar para nosotros. Está esperando que lleguemos a vivir con El. Eso le dará mucho gusto.

Y está haciendo algo más. Está orando por ustedes. Y cada vez que ustedes pecan, El le recuerda a Dios que ustedes le pertenecen, que El murió por los pecados de ustedes.

Algún día, tal vez muy pronto, Jesús dejará una vez más el Cielo y vendrá a la tierra para llevar a todos sus hijos al Cielo, y ellos vivirán con El para siempre.

Un niño le dijo a su mamá: "Mamá, yo no puedo entender por qué fue cosa tan grande que Jesús muriera por nosotros. Si yo pudiera salvar a una docena de personas muriendo por ellas, creo que lo haría; y lo haría, ciertamente, si en vez de una docena fuera un millón."

"No lo puedes entender," le dijo su mamá, "porque no puedes siquiera imaginar lo mucho que Jesús tenía que sufrir para salvarnos. Pero, hijo mío, ¿morirías tú por una docena de saltamontes?"

Eso hizo pensar al muchacho. Después de unos días se acercó a su mamá, ya sin ninguna duda, y le dijo: "Mamá, yo no sé de los saltamontes, pero si se tratara de un millón de mosquitos, los dejaría morir."

Al pensar en nosotros y Dios, no somos tan importantes como pensamos que somos; y sin embargo, Dios envió a su Hijo a morir por nosotros, y ahora El vive para siempre orando por nosotros, y vendrá y nos llevará al Cielo con El para siempre.

* * * * *

ALGO QUE LEER DE LA BIBLIA:
  Hechos 1:9-14

PREGUNTAS:
  1. ¿Cuánto tiempo estuvo Jesús fuera del Cielo?

2. Dí en qué forma dejó a sus discípulos para regresar a su Padre.
3. Si tú hubieras sido un ángel del Cielo cuando regresó Jesús, ¿cómo te hubieras sentido?
4. ¿Dónde está Jesús ahora?
5. ¿Qué está haciendo?

ORACION:

Señor Jesús, Tú que estás mirándonos desde el Cielo, óyenos cuando oramos. Te damos gracias porque nos has amado tanto y porque algún día iremos a vivir contigo en el Cielo para siempre. Mientras esperamos ese día, ayúdanos a vivir de tal manera que te agrademos siempre. En tu nombre te lo pedimos todo. Amén.

UN HIMNO QUE CANTAR:

¡Oh qué amigo nos es Cristo!
El llevó nuestro dolor,
Y nos manda que llevemos
Todo a Dios en oración.
¿Vive el hombre desprovisto
De paz, gozo y santo amor?
Esto es porque no llevamos
Todo a Dios en oración.

26

JESUS VIENE OTRA VEZ

ALGUN DIA, no sabemos cuándo, hasta puede ser hoy, nuestro Señor Jesús va a regresar del Cielo y nos va a llevar consigo. ¡Qué gran día será ese! Al fin veremos a nuestro Señor Jesús. No nos dijo cuándo vendrá porque quiere que estemos listos en cualquier tiempo para recibirle. Quiere que le estemos esperando y haciendo siempre cosas buenas. Si El nos hubiera dicho en qué año y en qué día iba a venir, entonces tal vez no lo recordaríamos ni tampoco viviríamos haciendo cosas buenas cada día. Quizás esperaríamos para vivir bien hasta el día que El viniera, y entonces sería demasiado tarde.

No sabemos mucho tampoco de cómo va a venir. Lo que Dios nos ha dicho es lo que necesitamos saber. La Biblia nos dice lo suficiente para entender una cosa importante. Lo importante es que El va a regresar para llevarnos a estar con El para siempre. La Biblia nos dice, además, que va a haber un nuevo Cielo y una nueva tierra. El mundo en que estamos viviendo va a ser quemado y Dios va a hacer todo nuevo y hermoso, porque no habrá ni pecado ni tristeza.

Iban dos muchos hablando sobre el regreso de Jesús a la tierra. Uno de ellos dijo: ¿Cómo será en las carreteras cuando los automóviles siguen su marcha después que se les quita la gente? Habrá unos choques terribles."

"¿Cómo será en los trenes?" meditaba el otro muchacho.

"Y piensa en los aeroplanos," dijo el primero.

El otro muchacho dijo entonces algo muy inteligente: "Creo que no debemos pensar en lo que va a pasar, sino en cómo debemos vivir por Jesús ahora."

Aquel muchacho tenía razón.

¿Les gustaría ver a Jesús? ¿Les gustaría poder inclinarse y adorar, y darle gracias a Aquel que dio su vida por ustedes?

Puede ser que lo hagan hoy mismo, porque aun hoy es posible que vuelva para llevárselos a estar con El para siempre.

* * * * *

ALGO QUE LEER DE LA BIBLIA:

1 Tesalonicenses 4:13-18; 1 Tesalonicenses 5:1-6

PREGUNTAS:

1. ¿Cuándo va a regresar Jesús?
2. ¿Por qué nos ayuda a hacer cosas buenas el pensar que pudiera venir hoy?

ORACION:

Te damos gracias, Señor Jesús, porque vas a regresar. Ayúdanos a pensar en Ti cada día y a estar

listos para tu venida. En tu nombre te lo pedimos.
Amén.

UN HIMNO QUE CANTAR:

Un día Cristo volverá,
Promesa fiel ¿faltar?, ¡jamas!
Como se fue así vendrá,
Y su pueblo ha de ver al Rey Jesús.

Muy pronto, sí, Jesús volverá,
Y alegre le verá su pueblo;
¡Velad! ¡Orad!, el Rey vendrá,
Los suyos arrebatará.

27

EL ESPIRITU SANTO

S ABEN USTEDES QUIEN es el Espíritu Santo?
¿Recuerdan que hay tres Personas que son
Dios, y que sin embargo hay un solo Dios? Pues
una de esas tres Personas es el Espíritu Santo. Le
llamamos Dios el Espíritu Santo. Las otras dos
Personas son Dios el Padre y Dios el Hijo.

El Espíritu Santo siempre ha vivido. Cuando
Jesús hizo el mundo, también el Espíritu Santo

142

estaba allí, y cada Persona tuvo su parte en la obra.

Cuando Jesús estuvo hablando con sus discípulos un poco antes de que murió por nosotros, les dijo que iba a regresar a su hogar en el Cielo para estar con Dios el Padre, pero que les mandaría al Espíritu Santo. Diez días después de que Jesús se había ido entre las nubes, el Espíritu Santo vino a ellos.

La venida del Espíritu Santo fue así: Los discípulos estaban orando juntos en un cuarto. De pronto oyeron un gran ruido como de un fuerte viento que llenó toda la casa en que se encontraban. Al mirarse unos a otros vieron que tenían algo que parecían lenguas de fuego, y esas lenguas de fuego estaban sobre sus cabezas. Era el Espíritu Santo que el Señor Jesús les había enviado. Las lenguas de fuego desaparecieron, pero el Espíritu Santo estaba dentro de ellos, y de pronto cada uno de ellos comenzó a hablar algún idioma que no sabía.

El Espíritu Santo también hizo que algunos pudieran sanar a los enfermos y darles vida otra vez a los muertos. El Espíritu Santo los hizo tan felices, que aun cuando eran azotados o echados en la cárcel por los que no querían al Señor Jesús, podían cantar.

El Espíritu Santo viene al corazón de todo muchacho y de toda muchacha que ama al Señor Jesús y los ayuda a vivir por El. El está en el corazón de ustedes si son cristianos. Todos los pensamientos y deseos celestiales vienen de El. El es el que los ayuda a confiar y a obedecer, a ser puros, bondadosos y honrados. Por El ustedes pueden tener en su corazón amor, gozo y paz. El cuerpo de ustedes es su hogar, y El es el que revivirá sus cuerpos después de que hayan muerto.

El Espíritu Santo no está solamente en el corazón de ustedes si son cristianos; también está en el Cielo orando por ustedes. Ustedes no saben cómo decirle a Dios muchas cosas, pero el Espíritu Santo toma sus oraciones débiles y pobres y las convierte en oraciones llenas de poder. Porque El mismo es Dios, El puede orar en tal forma, que Dios oye y responde. La Biblia nos dice que el Espíritu Santo ora por ustedes con suspiros y gemidos demasiado profundos para expresarse con palabras. Esto quiere decir que El clama fuertemente a Dios por ustedes y por las cosas por las cuales ustedes están orando. ¿No es maravilloso que ustedes tengan esta ayuda de Dios mismo cuando oran?

El Espíritu Santo no solamente les ayuda a ustedes sino también a los que no son cristianos haciéndolos amar a Dios. Les ayuda a entender lo que Jesús ha hecho por ellos.

Y es el Espíritu Santo el que les ayuda a ustedes a entender la Biblia cuando la leen. Si ustedes tienen dificultad en entender, oren y pídanle al Espíritu Santo que les ayude.

En la siguiente historia ustedes podrán ver la forma en que obra el Espíritu Santo.

Un hombre que no amaba a Dios, sino al contrario lo odiaba, fue invitado a una reunión donde se predicaba el Evangelio. El hombre se rio y dijo que no iría. Algunas personas que amaban al Señor Jesús se propusieron orar por aquel hombre. Se reunieron esa noche y oraron por mucho tiempo. Toda la noche oraron para que aquel hombre fuera librado de sus pecados.

El hombre aquel se fue a acostar como de costumbre, pero cerca de las dos de la mañana se despertó de pronto. Comenzó a pensar en todas las cosas malas que había hecho y en el juicio o castigo de Dios. Comenzó a temblar en la cama. Luego pensó en lo que alguien le había dicho una vez, que el Señor Jesús había muerto por él. Saltó entonces de la cama, se puso de rodillas y le pidió a Dios que lo perdonara por amor a Cristo. Oró a Dios por largo tiempo, y al fin comprendió que Dios lo había oído y lo había perdonado. Se puso tan contento, que apenas pudo esperar a que amaneciera para ir a contarle al amigo que lo había invitado a la reunión lo que había ocurrido en su corazón. Y cuando supo que un grupo de personas había estado orando por él toda la noche, se quedó muy sorprendido. El Espíritu Santo había despertado a aquel hombre y le había hecho ver que era un gran pecador.

* * * * *

ALGO QUE LEER DE LA BIBLIA:
  Juan 16:7-15

PREGUNTAS:

1. ¿Quién es el Espíritu Santo?
2. ¿Dónde está?
3. ¿Cuáles son algunas de las cosas que hace?
4. ¿Qué significa la palabra "Santo"?
5. ¿Qué puede impedirle ayudarnos como El quisiera hacerlo?

ORACION:

Querido Señor Jesús, te damos gracias por enviarnos al Espíritu Santo para ayudarnos de muchas maneras. Ayúdanos a vivir vidas limpias para que el Espíritu Santo pueda hacer lo que quiera en nuestro corazón. En el nombre de Jesús. Amén.

UN HIMNO QUE CANTAR:

Santo Espíritu, desciende
A mi pobre corazón;
Llénalo de tu presencia
Y haz en él tu habitación.

¡Llena hoy, llena hoy,
Llena hoy mi corazón!
¡Santo Espíritu, desciende
Y haz en mí tu habitación!

28

¿PUEDEN LOS CRISTIANOS
HACER COSAS MALAS?

Y A HEMOS APRENDIDO que nunca podemos ser lo suficientemente buenos para ir al Cielo. Solamente Jesús por su muerte y su resurrección puede salvarnos. ¿Quiere esto decir que da lo mismo ser bueno que ser malo? ¿Después de que ya somos cristianos, pidiéndole a Jesús que sea nuestro

Salvador, podemos seguir haciendo lo malo y esperar que Jesús nos salve de todos modos?

Una de las cosas más grandes que pasa cuando Jesús entra en nuestro corazón, es que nos ayuda a ser buenos. ¿Entonces, por qué algunas veces todavía queremos hacer cosas malas?

Es Satanás el que nos dice que las hagamos. Satanás es muy poderoso. Es más poderoso y más fuerte que el más fuerte de los ángeles, y sabe engañarnos y hacer que deseemos ser malos. Cuando vayamos al Cielo Jesús nos dará un nuevo corazón en donde Satanás no pueda entrar, y ya nunca desearemos hacer cosas malas.

Pero mientras estemos aquí en la tierra seguimos teniendo un corazón que puede pecar. Cuando Jesús entra en nuestro corazón, entonces El nos ayuda a no pecar si queremos que lo haga.

¡Qué hermoso será cuando finalmente tengamos un nuevo corazón! ¡Entonces no habrá nada dentro de nosotros que nos diga que hagamos lo malo y que nos enojemos!

Pero recuerden que Jesús es mucho más poderoso y fuerte que Satanás, y que Satanás le tiene miedo a Jesús. Cuando nosotros le pedimos a Jesús que nos ayude, Satanás se esconde.

¿Saben ustedes algo que es muy raro en todo esto? Se lo voy a decir.

Aun cuando Jesús haya venido a nuestro corazón, El no hace que Satanás nos deje si no se lo pedimos, y si no le decimos que El se haga cargo de nuestra vida.

Una vez le preguntaron a una niñita: "¿Por qué es que tú ya no haces todas las cosas malas que hacías antes de que Jesús entró en tu corazón? ¿Ya no te molesta Satanás?"

"Cómo no," respondió la niñita, "siempre me anda siguiendo y toca a la puerta de mi corazón; pero cuando Satanás toca, le pido a Jesús que sea El quien vaya a abrir la puerta, y cuando Satanás ve a Jesús, se va corriendo."

*   *   *   *   *

ALGO QUE LEER DE LA BIBLIA:
   Romanos 6:1-10

PREGUNTAS:
   1.   ¿Qué quiere Satanás que hagamos nosotros?
   2.   ¿Eres tú más fuerte que Satanás?

3. ¿Quién es más fuerte que Satanás?

4. ¿En qué forma la niñita de la historia impidió que Satanás la obligara a hacer cosas malas?

ORACION:

Querido Señor Jesús, te damos gracias porque eres Dios y porque eres más grande y más poderoso que todos, más poderoso y más grande que Satanás. Ayúdanos a pedirte que tú cuides de nuestro corazón para que sea fuerte y puro para Ti. En tu nombre te lo pedimos. Amén.

UN HIMNO QUE CANTAR:

Más santidad dame,
Más odio al mal,
Más calma en las penas,
Más alto ideal;
Más fe a mi Maestro,
Más consagración,
Más celo en servirle,
Más grata oración.

29

¿QUIEN ESTA EN EL TRONO DE TU CORAZON?

SABEN USTEDES lo que es un trono? Es un lugar hermoso donde se sienta el rey y desde allí habla a su pueblo.

¿Qué pensarían si les dijera que hay un trono dentro de su corazón y que alguien está sentado en él? Yo espero que no sean ustedes los que están sentados en ese trono. No es que efectivamente haya un trono como el trono de los reyes en los palacios, pero podemos comparar nuestro corazón a un trono. Hay allí una Persona real que es el Rey y que les dice a los muchachos cristianos lo que deben hacer. ¿Saben quién es esa Persona? Es nada menos que Jesús.

Pero hay otros dos que tratan de sentarse en el trono para decirnos lo que debemos hacer. Uno de ellos es Satanás y el otro eres tú mismo. Siempre que Jesús quiere que hagan ustedes ciertas cosas y hacen algo distinto, es porque Satanás y ustedes están sentados en el trono decidiendo lo que van a hacer. Eso quiere decir que le han dicho a Jesús que se quite del trono donde solamente El debe estar, porque ustedes se van a sentar en él. Cuando ustedes hacen eso, Satanás se ríe, porque él sabe bien que cuando Jesús no está allí, él puede hacer que ustedes hagan toda clase de cosas malas. A Satanás le gusta que ustedes se enojen y que se encaprichen cuando mamá les pide que la ayuden. No le cuesta ningún trabajo a Satanás hacer que ustedes se porten así cuando Jesús no está en el trono para ayudarles.

Cuando son ustedes los que están sentados en el trono como rey de la vida, entonces Satanás no tiene miedo de ir por todos los rincones del corazón y hacer que todo vaya mal. El sabe que es más fuerte que ustedes, y se ríe de ustedes porque él es realmente el rey y puede hacer lo que quiera.

Pero si es Jesús el que está sentado en el trono, entonces Satanás no intenta siquiera hacer que las cosas vayan mal. Se queda escondido hasta que ustedes se coloquen en el trono otra vez.

Nuestro Señor Jesús está lleno de bondad y de ternura, pero al mismo tiempo es muy fuerte. El no ocupa el trono a menos que ustedes se lo pidan. Una de las tareas más importantes y más grandes que ustedes tienen que hacer al hacerse cristianos, es aprender a no querer sentarse en ese trono. Dios les ayudará si se lo piden. El le pedirá al Espíritu Santo que no deje de hablarles a ustedes sobre esto.

¿Quién es el rey en la vida de ustedes? ¿Quién está sentado en el trono de su corazón? ¿Son ustedes los que están sentados permitiéndole a

Satanás que gobierne su vida, o le están permitiendo al Señor Jesús que se siente allí?

* * * * *

ALGO QUE LEER DE LA BIBLIA:

Romanos 6:14-23

PREGUNTAS:

1. ¿Quién quiere sentarse en. el trono de tu corazón?
2. Cuando nosotros nos sentamos en el trono, ¿qué hace Satanás?
3. Cuando es Jesús el que está sentado en el trono, ¿qué hace Satanás?

ORACION:

Dios Todopoderoso, nuestro Padre Celestial, necesitamos tu ayuda, y te pedimos que el Señor Jesús se siente en el trono de nuestro corazón y le impida a Satanás que nos haga desear cosas malas. Te damos gracias porque Jesús es más fuerte que Satanás. Nos acercamos a Ti en el nombre de Jesús. Amén.

UN HIMNO QUE CANTAR:

"Tuyo soy, Jesús"

MANTENIENDO AL REY EN SU TRONO

RECUERDAN USTEDES lo del trono en el corazón? ¿Recuerdan también cuáles son los tres reyes que quieren gobernar allí? Uno de ellos es el Señor Jesús, el verdadero Rey; y los otros dos son Satanás y tú. Pero cuando tú y Satanás se apoderan del lugar y haces cosas solamente para darte gusto a ti mismo, entonces

Satanás puede hacer lo que quiera en tu corazón. No olvides que cuando el Señor Jesús está en el trono, Satanás se esconde. Y entonces tú puedes ser feliz y útil; y el Señor Jesús está contento con lo que haces, y lo mismo papá y mamá. Todo va bien cuando Jesús está gobernando tu corazón, pero todo va mal cuando tratas de hacer cosas solamente para darte gusto a ti mismo.

¿Cómo puedes tú ya no desear estar en el trono? ¿Cómo puedes permitirle al Señor Jesús que se quede siempre allí? ¿No es muy extraño que después de que el Señor Jesús ha hecho tanto por nosotros, algunas veces le pedimos que se vaya y que nos deje gobernar nuestra propia vida? Y sin embargo, eso es lo que hacemos con mucha frecuencia.

Lo que puedes hacer para tener siempre a Jesús en el trono, para que solamente Jesús sea tu Rey, es lo siguiente: Conoce mejor a Jesús y entonces le amarás más y desearás que sea El quien gobierna tu vida.

¿Por qué ayuda el conocer mejor a Jesús? Te voy a poner un ejemplo. Cuando llega un nuevo niño a la vecindad donde tú vives, puede ser que al principio no sepas si te gustará o no porque no le conoces bien todavía. Pero si es un muchacho agradable, mientras más lo conozcas más te gustará y desearás que venga a jugar contigo.

Pues en la misma forma mientras más conocemos a Jesús, más le llegamos a amar, más confiamos en El y deseamos que El haga lo que quiere hacer. Mientras más lo conocemos, más queremos que esté siempre en el trono de nuestro corazón.

¿Te gustaría conocer mejor a Jesús? ¿Sabes cuál es una de las mejores maneras de conocerle mejor? La mejor manera es hablar con El. Esa es una de las mejores maneras de conocer a la gente.

Pero nosotros no podemos ver a Jesús, ¿cómo podemos hablarle? Pues podemos hablarle por medio de la oración. No podemos verle, pero El nos oye cuando le hablamos, aunque no le hablemos fuerte y nadie pueda oírnos.

Otra manera de conocer mejor a Jesús es oyendo lo que El nos dice. ¿Cómo nos habla Jesús? Nos habla cuando leemos la Biblia. Cuando leemos la

Biblia, estamos oyendo a Dios porque la Biblia es su Palabra. No siempre podemos entender lo que nos dice, pero no necesitamos entenderlo todo de una vez. Al seguir leyendo y pensando lo que la Biblia dice, el Señor Jesús y el Espíritu Santo nos ayudan a conocerle a El mejor.

Un muchachito estaba muy disgustado y no era feliz. Era tan caprichudo y estaba tan disgustado, que su mamá tuvo que regañarle y al fin tuvo que pegarle y mandarlo a su cuarto. Allí estuvo media hora. Al salir y volver adonde estaba su mamá, iba muy sonriente. Su mamá se puso muy contenta al verle, pero no podía entender por qué su hijo estaba ahora tan alegre. No pudo aguantarse y le preguntó.

El muchachito le dijo: "Yo estaba muy enojado con todos porque ayer en la Escuela Dominical nuestro maestro nos preguntó si desearíamos ir a algún otro país para hablarles a las gentes de Jesús, si Dios nos pidiera que fuéramos misioneros. Yo no quería, y dije que no. Y en el momento en que le dije 'No' a Dios, el Señor Jesús dejó de ocupar el trono de mi corazón.

"Ahora que estuve solo en mi cuarto, comencé a pensar en lo mucho que Jesús me ama, en que El murió por mí, y sentí vergüenza de estar yo en su trono diciéndole si yo quería o no quería ser misionero. Entonces le dije al Señor Jesús que si El quería que yo fuera misionero, lo sería; y dejé el trono, y ahora El está allí de nuevo, y yo me siento muy contento."

* * * * *

ALGO QUE LEER DE LA BIBLIA:

Romanos 12:1-3

PREGUNTAS:

1. ¿Cuántas personas se pueden sentar al mismo tiempo en el trono de tu corazón?
2. ¿Por qué nos es útil conocer mejor a Jesús?
3. ¿Puedes decir por qué esto es semejante al vecinito nuevo que llega a vivir cerca de tu casa?
4. ¿Cuál es una buena manera de conocer mejor a Jesús?

ORACION:

Querido Señor Jesús, queremos conocerte mejor, y nos da gusto porque podemos acercarnos a Ti y porque Tú nos amas. Ayúdanos a conocerte mejor

para amarte más y confiar más en Ti. En tu nombre
te lo pedimos. **Amén.**

UN HIMNO QUE CANTAR:

Jesús es mi Rey soberano;
Mi gozo es cantar su loor;
Es Rey, y me ve cual hermano;
Es Rey y me imparte su amor.
Dejando su trono de gloria,
Me vino a sacar de la escoria,
Y yo soy feliz,
Y yo soy feliz por El.

31

LLEVANDO FRUTO

UNA VEZ UN NIÑO y su papá iban andando por el camino. El niño se fijó en una rama seca que se había caído de un árbol.

"Papá," le dijo, "mira esa rama. Vamos a llevarla a casa y plantarla para ver cómo salen las hojas y cómo se llena de manzanas."

"No," dijo su papá, "la rama está seca. Ya no puede dar hojas ni tampoco manzanas."

"¿Pero, no hay manera de hacer que vuelva a tener manzanas?" preguntó el niño.

"No," dijo su papá, "ya está seca. La única manera sería que Dios le diera nueva vida y la pusiera de nuevo en el árbol."

Entonces el papá le dijo a su hijito: "Nosotros éramos como ramas secas y Jesús es como el árbol que tiene vida. Nosotros no podíamos hacer nada por nosotros mismos. Entonces Dios nos tomó, nos dio vida y nos puso en el lugar que debíamos tener en el Arbol viviente. Nos dio a Jesús y nos salvó. Ahora en vez de hojas llevamos frutos tales como la bondad, el amor, el gozo y la buena voluntad."

Nosotros tenemos cosas buenas que podemos hacer porque amamos a Jesús. Eramos como una rama seca, pero ahora Jesús nos ha dado vida.

* * * * *

ALGO QUE LEER DE LA BIBLIA:

Juan 15:1-8

PREGUNTAS:

1. ¿Puede una rama seca revivir sin Dios?

2. La Biblia dice que los pecadores están muertos en pecado. ¿Por qué son como ramas secas?

3. ¿Qué hizo Dios para salvar a la gente que estaba muerta en pecado?

ORACION:

Nuestro Padre que estás en el Cielo, sabemos que por causa del pecado teníamos necesidad de un Salvador, y te damos gracias porque Tú nos has salvado y nos has dado nueva vida en Cristo nuestro Señor; ahora haz que llevemos buen fruto. En el nombre de Jesús te lo pedimos. Amén.

UN HIMNO QUE CANTAR:

Feliz momento en que escogi
Servirte, mi Señor y Dios;
Preciso es que mi gozo en ti
Lo muestre hoy con obra y voz.

¡Soy feliz! ¡Soy feliz!
Y en su favor me gozaré;
En libertad y luz me vi
Cuando triunfó en mí la fe;
Y el raudal carmesí
Salud de mi alma enferma fue.

32

¿COMO SE PUEDE SABER SI ALGUIEN AMA AL SEÑOR JESUS?

C OMO SE PUEDE SABER si alguien ama al Señor Jesús? Hay una manera sin tener que preguntárselo. A veces alguien dirá que es cristiano cuando en realidad no lo es. Sin embargo, hay una manera segura de saber quién es cristiano. El Señor Jesús nos dijo que todos aquellos que le aman son conocidos por las cosas que hacen. Los que dicen que aman a Jesús y luego hacen todo lo posible por agradarle, sabemos que en realidad le aman. Pero los que dicen que le aman y no hacen lo que El les dice, realmente no le aman mucho.

¿Cuáles son las cosas que Jesús quiere que hagamos para demostrarle que le amamos? La primer cosa, y es la más importante, es que seamos buenos y cariñosos con los demás. Podemos ser buenos con nuestros padres ayudándoles y haciendo pronto lo que nos dicen. Jesús se pone muy contento cuando obedecemos a nuestros padres pronto y contentos.

¿Con quiénes más tenemos que ser buenos? Podemos ser buenos y cariñosos con nuestros hermanos y hermanas dejándolos que jueguen con nuestros juguetes y permitiéndoles que usen nuestras cosas. Y también podemos ser buenos con nuestros compañeros de escuela. Probablemente ustedes pueden pensar en otras maneras de ser buenos con los demás.

Si ustedes no son buenos con los demás es que

se aman más a ustedes mismos que a Jesús. Si amaran más a Jesús, entonces desearían obedecerle en todo.

Desde luego, eso no es fácil; se necesita practicarlo. Si ustedes quieren aprender a tocar el piano o a jugar beisbol o a aprender cualquier otra cosa, saben lo mucho que tienen que practicar para aprender. Pues de la misma manera necesitamos practicar cuando se trata de hacer las cosas que Dios quiere en vez de hacer las que nosotros queremos.

Necesitamos practicar a ser buenos con los demás. Si alguien nos dice algo malo, es muy fácil pensar algo peor para devolverle el insulto. Pero en vez de hacer eso tenemos que practicar a perdonarlo. Esto es mucho más importante de lo que pensamos. La Biblia nos dice una y otra vez que el amar a los demás y ser buenos con ellos es una de las cosas más importantes de la vida cristiana. De esa manera podemos saber cuánto amamos a Jesús.

El señor López era un magnífico cristiano, pero un día su caballo se soltó y se metió en el maizal de su vecino. El vecino del señor López se puso muy disgustado y llamó a la policía. Cogieron el caballo y obligaron al señor López a pagar cierta cantidad de dinero antes de devolvérselo.

Dos días después el señor López se encontró con su vecino y éste todavía estaba muy enojado. Estaba tan enojado que le dijo: "Si vuelvo a ver su caballo en mi maizal, llamaré a la policía otra vez."

"Vecino," le dijo el señor López, "no hace mucho miré por mi ventana de noche y vi sus vacas en mi pasto. Las saqué y las encerré en el terreno donde usted las alimenta y donde debían estar; y si sus vacas se meten otra vez en mi pasto, haré otra vez lo mismo."

El señor López se mostró tan bondadoso que el vecino se avergonzó de haberse enojado y haberse portado tan mal con él.

¿Qué hubiera pasado si el señor López se hubiera enojado también y hubiera dicho que si las vacas de su vecino volvían a meterse en su pasto llamaría a la policía? ¿Creen ustedes que el vecino del señor López hubiera querido ser **cristiano?**

¿Cómo creen que se hubiera sentido el Señor Jesús si el señor López no se hubiera portado como cristiano?

*　　*　　*　　*　　*

ALGO QUE LEER DE LA BIBLIA:
1 Juan 2:3-14
PREGUNTAS:
1. ¿Cómo puedes decir cuánto ama alguna persona al Señor Jesús?
2. ¿Puedes pensar en algunas maneras de ser bueno con alguien?
3. Para llegar a tocar bien el piano, ¿se necesitan muchas horas de práctica?
4. ¿Necesita un niño practicar a ser bueno?
5. Si alguien no es bueno contigo, ¿cuál es la major manera de estar en paz con él?

ORACION:
Querido Señor Jesús, has sido tan bueno con nosotros al salvarnos, que te pedimos que nos ayudes también a ser buenos con los demás. Ayúdanos a mostrarles tu amor para que ellos también lleguen a ser tus hijos. Te lo pedimos en tu nombre. Amén.

UN HIMNO QUE CANTAR:
"Grande gozo hay en mi alma"

33

¿QUE HACER SI PECAMOS DESPUES DE HABER SIDO SALVOS?

HOY HABLAREMOS SOBRE lo que debemos hacer si amamos al Señor Jesús pero todavía seguimos haciendo cosas que lo ofenden.

Cuando Jesús viene a ser nuestro Salvador y quita nuestros pecados, eso no significa que de allí en adelante no tendremos ninguna dificultad con Satanás. Satanás todavía buscará que hagamos cosas malas, y cuando nos descuidemos y no nos mantengamos muy cerca de Jesús, Satanás nos hará tener malos pensamientos.

¿Qué podemos hacer entonces? La Biblia nos lo dice. Nos dice que debemos confesar o decirle a Jesús que hemos pecado; entonces El nos perdonará y de nuevo seremos felices. ¿Y si no le pedimos a Jesús que nos perdone? Entonces tiene El que castigarnos. Permite que tengamos dificultados o no nos da aquello que quisiera darnos.

Pero cuando finalmente nos acercamos a Jesús y le decimos que hemos hecho algo malo y le damos gracias por su perdón, entonces se calma la tempestad y de nuevo sentimos que El nos ama. Es como cuando nos hemos portado mal y papá y mamá han tenido que castigarnos. Ellos no se sienten contentos ni nosotros tampoco; pero cuando todo ha pasado y arreglamos todo bien con ellos, entonces nuestro corazón se llena de alegría otra vez.

Algunos piensan que debemos ir a otra persona que no sabe lo que hemos hecho para confesarle nuestros pecados y pedirle perdón. Pero esto no es lo que enseña la Biblia. Ningún hombre ni ninguna mujer puede perdonar pecados. Solamente Dios puede hacerlo. Dios nos dice que podemos y debemos ir directamente a El. El quiere que nos acerquemos a El y no que mandemos a otro ninguno con nuestra oración.

Una mañana cuando el papá de Jorge se iba a trabajar, le dijo: "Jorge, ¿quieres cortar parte del césped hoy?"

A Jorge no le gustaba ayudar a cortar el césped, pero respondió: "Sí, papá, lo haré."

Cuando llegó su amigo Guillermo, le dijo: "Guillermo, te daré diez centavos si me cortas el césped."

Cuando su papá regresó por la noche y vio el césped cortado, se puso muy contento y dijo: "Jorge, has hecho un buen trabajo; aquí tienes veinticinco centavos." Jorge tomó los veinticinco centavos, pero no se sentía contento. No le dijo a su papá que él no había cortado el césped. Sabía que estaba engañando a su papá al no decirle que Guillermo lo había hecho. Sabía, además, que era un ladrón, porque había tomado los veinticinco centavos que no le pertenecían. Y cada vez se sentía peor; tanto que no quiso cenar mucho, y al fin ya no se aguantó y le dijo a su papá:

"Papá, yo no corté el césped. Aquí están los veinticinco centavos. Fue Guillermo el que lo hizo."

Entonces su papá le dijo: "Gracias por decírmelo, Jorge. Yo ya lo sabía, porque me encontré con Guillermo al venir para la casa y me lo contó todo. Ahora vamos al jardín a jugar juntos."

Jorge su sintió muy feliz al contarle a su papá todo. Entonces le pidió a Dios que lo perdonara y se sintió más contento todavía. Y Jorge y su papá jugaron llenos de alegría porque el pecado de Jorge había sido perdonado.

* * * * *

ALGO QUE LEER DE LA BIBLIA:
  1 Juan 1:8-2:3

PREGUNTAS:
  1. Si un muchacho cristiano hace algo malo, ¿qué debe hacer?

2. ¿Puede nuestro pastor perdonar nuestros pecados?
3. ¿Cómo nos castiga algunas veces Jesús?
4. ¿Por qué nos castiga?

ORACION:

Nuestro Padre, nos sentimos muy felices de que nuestros pecados puedan ser perdonados. Ayúdanos a acordarnos de contarte todo lo malo que hagamos y a confesar nuestros pecados. Te lo pedimos en el nombre de Jesús. Amén.

UN HIMNO QUE CANTAR:

Hay un precioso manantial
De sangre de Emmanuel,
Que purifica a cada cual
Que se sumerge en él.

Lávame, Señor Jesús,
En la sangre de tu cruz:
Lávame, Señor Jesús,
Y más blanco que la nieve yo seré.

34

¿POR QUE ES PROVECHOSO SER CASTIGADO?

Q UE SIGNIFICA SER CASTIGADO? Significa que les pasa algo que no les gusta, porque han sido malos. Cuando mamá o papá los regaña, es una clase de castigo. Cuando les pega, los está castigando. No darles postre, es otra forma de castigarlos.

¿Son malos papá y mamá porque los castigan?

No, simplemente están obedeciendo a Dios, porque Dios dice que hay que castigar a los hijos cuando hacen algo malo. Dios dice en la Biblia que no nos gusta que nos castiguen, pero que eso sirve para que después seamos mejores. Dios dice que los hijos deben de obedecer a sus papás y que los padres deben castigar a sus hijos si se portan mal.

¿Por qué tiene que ser así? Porque cuando ustedes hacen algo malo y son castigados por ello, el castigo les sirve para recordarles que no deben portarse así otra vez, y les ayuda a entender cuánto han ofendido a Dios con sus malas acciones.

¿Qué sucede cuando los muchachos no son castigados? Tales muchachos no obedecen a sus padres si no les da la gana; no tienen ningún respeto por sus maestros y no les importan las leyes de su país. No obedecer a nuestros padres y desobedecer las leyes son pecados muy grandes.

Los niños que no reciben ningún castigo por su mal comportamiento hacen infelices a los demás, porque no les importa si ofenden o no a otras personas. Algunas veces la policía tiene que llevárselos, y entonces sus padres se ponen tristes y piensan que hubiera sido mejor haberlos castigado para ayudarles a ser buenos.

No es por maldad que sus padres les pegan algunas veces. En realidad están siendo buenos con ustedes, porque al castigarlos los están ayudando a pensar en las demás personas y en sus derechos, y en lo que Dios quiere, en vez de pensar en lo que ustedes quieren hacer a su manera. El ser castigados los guarda de meterse en grandes dificultades.

Es muy importante que aprendamos a obedecer siempre a nuestros padres, a nuestros maestros y a todos los que tienen el derecho de decirnos lo que tenemos que hacer, porque si no, es muy difícil aprender a obedecer al Señor Jesús. Así que cuando nuestros padres nos pegan por hacer algo malo, nos están ayudando a amar más al Señor Jesús y a hacer todo lo que el Señor Jesús nos dice. Cuando aprendemos a obedecer a papá y a mamá, estamos aprendiendo a obedecer a Dios.

Los padres que no castigan a sus hijos no están siendo buenos con ellos. La próxima vez que papá o mamá tenga que pegarles, no se enojen, sino piensen que después de todo eso les ayuda a recordar a hacer cosas buenas en vez de las malas, y Dios quedará muy contento por ello.

El señor Jiménez le estaba mostrando su jardín a un amigo. Tanto el señor Jiménez como su amigo tenían hijos. El señor Jiménez siempre castigaba a sus hijos cuando era necesario; su amigo nunca lo hacía porque no se enojaran y porque no quería hacerles daño.

El amigo del señor Jiménez le dijo: "Yo creo que es mejor dejar que los ninós crezcan como ellos quieran. No me gusta impedirles que hagan lo que quieran porque eso podría dañar su personalidad. Yo creo en la libertad de expresión."

"Pero," le respondió el señor Jiménez, "usted no cree en eso cuando se trata de su jardín."

"¿Qué quiere decir?" preguntó el amigo.

"Bueno, simplemente quiero decirle que su jardín está perfectamente limpio de malas hierbas. ¿Por qué no las deja crecer?"

"Porque las malas hierbas ahogarían a las plantas buenas. Tengo que arrancarlas," dijo el amigo del señor Jiménez.

Entonces el señor Jiménez le dijo: "Eso que sucede en su jardín, sucede en el jardín del corazón de un niño. Si usted no arranca de allí las malas hierbas, pronto ahogarán las plantas buenas que el Señor ha puesto allí."

Sí, nuestro corazón es como un jardín de flores. Seamos agradecidos cuando nuestros padres nos ayudan a no dejar que crezcan allí las malas hierbas.

* * * * *

ALGO QUE LEER DE LA BIBLIA:

Efesios 6:1-9

PREGUNTAS:

1. ¿Por qué es provechoso ser castigado?
2. ¿Qué sucede cuando no se castiga a los muchachos cuando se portan mal?
3. ¿Crees tú que si aprendemos a obedecer a nuestros padres, eso nos ayudará a obedecer a Dios?

ORACION:

Dios Todopoderoso, nuestro Padre que estás en el Cielo, sabemos que porque Tú eres nuestro Padre algunas veces tienes necesidad de castigarnos cuando nos portamos mal. Ayúdanos a aprender algo del castigo. Ayúdanos también a ser obedientes a nuestros padres aquí en la tierra; ayúdanos a honrarlos. Te lo pedimos en el nombre de Jesús. Amén.

UN HIMNO QUE CANTAR:

Firmes y adelante,
Huestes de la fe,
Sin temor alguno,
Que Jesús nos ve.
Jefe soberano,
Cristo al fuente va,
Y la regia enseña
Tremolando está:

Firmes y adetante,
Huestes de la fe,
Sin temor alguno,
Que Jesús nos ve.

35

UNA CARTA DE DIOS

SUPONGANSE que su papá y su mamá fueran misioneros en alguna nación lejana al otro lado del mar. ¿Podrían ellos hablar con ustedes? No, estarían tan lejos que ustedes no podrían escuchar sus voces ni podrían verlos. Pero habría una manera de saber lo que ellos quisieran. Les escribirían cartas, y en esa forma hablarían con ustedes y les dirían lo que ellos desearan.

Ahora supónganse que Dios quisiera hablar

con ustedes. Si El viniera para que le vieran en persona, ustedes no podrían soportar el esplendor en torno de El. Pero hay una forma en la cual El puede hablarles. Desde hace tiempo les mandó una carta muy larga para decirles lo que El quiere que hagan. Esa carta suya es la Biblia. Allí dice muchas cosas sobre El mismo, sobre su obra, sobre ustedes y sobre lo que El quiere que hagan. ¿Han estado ustedes leyenda su carta?

Dios no escribió la carta con lápiz o con plumafuente. Tampoco usó una máquina de escribir. Escogió como a cuarenta personas que le amaban y les dijo que escribieran los diferentes libros de la Biblia. Algunas veces el Señor les decía lo que tenían que escribir por medio de un sueño, o les hacía cuadros de las cosas que iban a suceder en el futuro, y ellos las escribían. Probablemente ellos no sabían que estaban ayudando a escribir la Biblia. Lo que sabían era que Dios les había dicho que escribieran lo que veían, y ellos lo hacían. Luego Dios se preocupó de que lo que ellos habían escrito fuera conservado y finalmente fuera impreso en nuestras Biblias.

Algunas veces los hombres escribían sobre lo mucho que ellos amaban a Dios, y en otras ocasiones, pensamientos acerca de Dios. El rey David fue uno de los que lo hacían así, y la parte de la Biblia que él escribió se llama *Los Salmos*.

En otras ocasiones estos hombres escribían sobre las cosas que les habían pasado a sus familiares y amigos. Probablemente cuando escribían no se daban siempre cuenta de que estaban escribiendo lo que Dios mismo les decía, y que Dios mismo los estaba dirigiendo para no equivocarse.

¿Saben cuánto tiempo se llevó el escribir la Biblia? ¡Más de 1.500 años! Es muy posible que en algún año Dios le dijera a alguien que escribiera parte de la Biblia, y que cien años después le dijera a otro que escribiera algo más. Y algunas veces dos personas estaban escribiendo diferentes partes de la Biblia al mismo tiempo. De esta manera se continuó hasta que quedó terminada toda la Biblia.

¿Cometieron errores las personas que escribieron la Biblia? No, porque Dios las estuvo dirigiendo siempre.

¡Qué bueno fue Dios al darnos esta carta para que pudiéramos saber muchas cosas acerca del Cielo, del Señor Jesús y de su amor para nosotros!

¿Pero cómo se sentirían ustedes si escribieran una carta a alguien que no la leyera? Creo que ustedes se sentirían ofendidos. Creo que lo mismo se siente Dios cuando no leen su carta. Por eso es tan importante que ustedes lean la carta de Dios o que alguien se la lea para que sepan lo que dice. Puede ser que ustedes no entiendan todo lo que Dios dice, pero ahora pueden entender por lo menos algo e irán entendiendo más a medida que vayan creciendo.

Susana estaba viendo a su mamá que leía la Biblia. Entonces le preguntó: "Mamá, ¿por qué lees tanto la Biblia?"

La mamá se sonrió y le dijo: "Susana, ¿por qué tomas tanta leche y comes pan con tanta frecuencia?"

Y Susana dijo: "Tengo que hacerlo porque sentiría hambre si no comiera; y si no tomara nada de alimento, me moriría."

"Muy cierto," dijo su mamá; "pero además de nuestro cuerpo, hay algo que debemos mantener vivo también. Dentro de nuestro cuerpo está nuestra alma, y necesita de alimento también."

"Ahora entiendo," respondió Susana; "debemos leer la Biblia todos los días para obtener el alimento para nuestra alma de la misma manera que comemos y bebemos para conservar vivo nuestro cuerpo."

"Sí," dijo su mamá; "y si mañana no quisieras desayunar y al mediodía no pudieras comer, ¿qué pensaría yo?"

"Que estaba enferma," respondió Susana.

"Precisamente," le dijo su mamá. "Y una de las señales de que nuestra alma está enferma, es dejar de leer la Palabra de Dios. Otros libros pueden conservar viva nuestra mente, pero solamente la Palabra de Dios puede alimentar nuestra alma."

* * * * *

ALGO QUE LEER DE LA BIBLIA:
  2 Timoteo 3:14-17; 2 Timoteo 4:1, 2

PREGUNTAS:

1. ¿Cuáles son algunas maneras de decirle algo a alguien sin hablarle?
2. ¿Cuál es la manera que escogió Dios de darnos su mensaje?
3. ¿En cuánto tiempo se escribió la Biblia?
4. ¿Da lo mismo leer o no leer la carta de Dios?

ORACION:

Dios, nuestro Padre celestial, te damos gracias por tu carta, la Biblia. Ayúdanos a hacer lo que nos dices en ella. Que sea luz a nuestros pies y lámpara a nuestro camino. Te lo pedimos en el nombre de Jesús. Amén.

UN HIMNO QUE CANTAR:

Santa Biblia, para mí
Eres un tesoro aquí;
Tú contienes con verdad
La divina voluntad;
Tú me dices lo que soy,
De quién vine y a quién voy.

36

¿COMO SABEMOS QUE LA
BIBLIA ES VERDAD?

L A BIBLIA ES EL LIBRO más importante de todo
el mundo porque nos dice cosas de Dios.
Nos dice cosas que ningún otro libro nos dice. Nos
dice que Dios hizo al mundo, al primer hombre
y a la primera mujer. Ninguno de nosotros estaba
allí para ver a Dios hacer todo lo que hizo, y

nunca lo hubiéramos sabido si El no nos lo hubiera dicho en la Biblia.

Pero hay gente que dice que puesto que nosotros no vimos a Dios hacer el mundo, no podemos estar seguros de si lo hizo o no. Dicen también que no podemos saber si la Biblia está diciendo la verdad cuando dice que Dios creó el mundo y otras muchas cosas tocante a Dios. ¿Cómo podemos ayudar a la gente a saber que la Biblia es realmente verdad?

Yo pienso que no podremos hacer que la gente crea si no quiere creer. Siempre tendrá razones para decir que esto y aquello no es verdad. Sería difícil probar que ustedes están leyendo esta libro o que otros se lo están leyendo. Tal vez ustedes están soñando. Por supuesto que no lo están, pero alguien podría decir que sí, y sería muy difícil probarle que no están soñando.

De la misma manera es muy difícil probar las cosas relacionadas con Dios a la gente que no quiere creer en El; pero podemos ayudarles de las siguientes maneras:

Una de las cosas que nos conviene saber es que,

aunque la Biblia fue escrita hace mucho tiempo, habla de cosas que iban a suceder después de que fue escrita. Y esas cosas sucedieron.

La Biblia nos dijo hace miles de años que los judíos serían echados de su país, Palestina, y que por mucho, mucho tiempo, no podrían volver hasta que Dios se los permitiera; y eso es precisamente lo que está ocurriendo hoy. Eso es algo que podemos ver y probar para entender que la Biblia tenía razón cuando dijo que eso acontecería.

La Biblia habla de muchos reyes de distintos países que vivieron hace muchos, muchos años. La gente a quien no le gusta la Biblia dice que esos reyes no vivieron nunca y que la Biblia estaba equivocada; pero ahora se ha descubierto que tales reyes existieron precisamente en las épocas y en los lugares que la Biblia señala.

Y puesto que resulta que la Biblia dice la verdad dondequiera que la podemos sujetar a prueba, podemos creer con toda seguridad que también dice verdad en las cosas que solamente Dios sabe y nos las dice en su Palabra.

Una de las mejores razones porque sabemos que la Biblia es verdad es que nos dice cómo se perdonan nuestros pecados y nos dice que nuestra vida será cambiada por el poder de Dios al aceptar al Señor Jesús como nuestro Salvador. Y cada vez que alguien se acerca a Dios para pedirle que le perdone sus pecados por causa de Cristo, la vida de esa persona llega a ser muy diferente. Esta es una de las mejores pruebas de que la Biblia es verdad.

Un hombre que no creía que la Biblia es verdad, por casualidad encontró una Biblia en el camino. Se puso tan enojado, que la hizo pedazos y dejó regadas las hojas del libro en el camino.

En el pueblo cercano vivía un ladrón, y el ladrón había ido al mismo camino para tratar de robar a aquel hombre que había destruido la Biblia. Pero al ver las hojas regadas por todas partes, quiso saber primero, antes de robarlo, qué era lo que lo había puesto tan furioso. Después de que el hombre siguió su camino, el ladrón recogió una de las páginas de la Biblia y leyó las siguientes palabras: "Cree en el Señor Jesucristo y serás salvo."

"¡Ah!" pensó, "¡qué hermoso sería ser salvo! No me gusta estar robando a la gente todo el tiempo y yo quiero que mis pecados sean perdonados." Allí mismo se puso de rodillas, habló con Dios, le pidió que lo salvara, y Dios lo hizo.

Un día el que había sido ladrón encontró al hombre que había hecho pedazos la Biblia y le comenzó a hablar de la grandeza de la Biblia, pero el otro le contestó que era un libro que no podía ayudar a nadie.

"Lo ayudó a usted," dijo el que había sido ladrón, "porque impidió que usted fuera robado."

Yo espero que aquel hombre que rompió la Biblia haya cambiado la idea que tenía de la Palabra de Dios.

* * * * *

ALGO QUE LEER DE LA BIBLIA:
  2 Pedro 1:16-21

PREGUNTAS:
  1. ¿Quién vio a Dios hacer el mundo?
  2. ¿Quién es el único que puede decirnos lo que pasó?
  3. ¿En dónde nos lo dice?

4. ¿Puedes mencionar alguna de las cosas que la Biblia dijo que iba a suceder, antes de que sucediera?

ORACION:

Querido Señor Jesús, Tú que sabes todas las cosas, te damos gracias porque Dios siempre ha estado vivo. Estamos muy contentos porque El sabe todas las cosas y porque El nos ha dicho lo que necesitamos saber en la Biblia. Te damos gracias porque la Biblia es verdad. Ayúdanos a leerla, entenderla, y hacer lo que nos dice. Te lo pedimos en el nombre de Jesús. Amén.

UN HIMNO QUE CANTAR:

¡Oh, cantádmelas otra vez!
Bellas palabras de vida;
Hallo en ellas mi gozo y luz,
Bellas palabras de vida.
Sí, de luz y vida
Son sostén y guía;
¡Qué bellas son, qué bellas son!
Bellas palabras de vida,
¡Qué bellas son, qué bellas son!
Bellas palabra de vida.

¿QUE SUCEDE SI NO USAMOS NUESTRA BIBLIA?

ES IMPORTANTE que leamos la Biblia? ¿Es importante hacer lo que Dios nos dice en ella? Sí, lo es; pero hay gente que piensa que no necesita leer la Biblia ni obedecerla. Tienen la idea de que pueden encontrar por sí mismos todo lo que necesitan saber. No entienden lo poco que pueden saber de Dios por sólo pensar en El. ¿Creen ustedes que jamás sabrían, sin leer la Biblia, cuánto aborrece Dios sus pecados? ¿Acaso sabrían que Jesús murió por sus pecados, sin leerlo en la Biblia? Es cierto que otro podría leérselo o contárselo, pero en cualquier caso no lo sabrían de no estar en la Biblia.

Es cierto que podemos saber algunas cosas acerca de Dios observando las flores, las hojas y los árboles. Estos nos dicen lo maravilloso que es Dios; y el sol, la luna y las estrellas nos hablan de la gloria y del poder de El. Pero no podremos saber lo mucho que nos ama si no lo sabemos por la Biblia.

Debemos poner cuidado en leer todo lo que la Biblia dice y en obedecer todo lo que se escribió para nosotros. Al leer la Biblia, debemos darnos cuenta que algunas partes fueron escritas para los que vivieron hace mucho tiempo. Por ejemplo, algunas partes se escribieron para decirles a los hijos de Israel que edificaran altares y que sacrificaran en ellos distintas clases de animales. Si hacían eso, Dios les perdonaba sus pecados. Ya no necesitamos sacrificar animales, porque el

Señor Jesucristo, que es el Cordero de Dios, fue sacrificado por nosotros una vez para siempre cuando murió en la cruz. Ya no tenemos necesidad de ningún otro sacrificio.

Aunque las partes de la Biblia que se refieren a estas cosas, no tenemos que obedecerlas hoy, es *muy* útil e importante leerlas porque nos dicen tanto acerca del plan de Dios, de su amor y de Jesús. Por eso nos es tan importante leer y estudiar *toda* la Biblia.

Toda la Biblia es verdad y necesitamos saber qué vamos a aprender de la parte que leemos cada día.

Por otra parte, debemos tener mucho cuidado en no pensar, cuando leemos alguna parte de la Biblia, que eso no fue escrito para nosotros; que es demasiado difícil de obedecer; que fue escrito para otras personas. Si ha sido escrito para nosotros, tenemos que obedecerlo aunque no nos guste, porque lo que tenemos que hacer es obedecer a Dios y hacer lo que nos dice en la Biblia.

Deben ustedes tener mucho cuidado en no pensar que la Biblia dice cosas que no es su intención decir, y en no negarse a obedecer lo que la Biblia dice.

No podemos ni agregar ni quitar nada de la Biblia.

Una mujer muy pobre, que se dedicaba a vender verduras y fruta, era cristiana y amaba su Biblia. Mientras se sentaba esperando que vinieran a comprar su fruta y sus verduras, leía su Biblia. Un día un hombre le preguntó:

"¿Qué está leyendo?"

"La Palabra de Dios," respondió ella.

"¿La Palabra de Dios? ¿Quién le dijo que es la Palabra de Dios?"

"El mismo me lo dijo."

"¿Pero ha hablado usted con Dios? ¿Puede probarlo?"

La pobre mujer se sintió un poco confundida. No estaba acostumbrada a hablar acerca de la Biblia, pero al fin dijo mirando hacia arriba: "¿Puede usted probar que hay un sol en el cielo?"

"Seguro," dijo el hombre, "la mejor prueba es que me calienta y que puedo ver su luz."

"Pues lo mismo pasa conmigo," respondió la

mujer. "La prueba de que este Libro es la Palabra de Dios es que hace que mi alma sienta calor y felicidad."

*　　*　　*　　*　　*

ALGO QUE LEER DE LA BIBLIA:
Salmo 119:9-16
PREGUNTAS:
1. Si no hubiéramos leído la Biblia, ¿qué cosas sabríamos acerca de Dios?
2. ¿Qué cosas importantes nos dice la Biblia acerca de Dios que no podríamos encontrar en ninguna otra parte, sino leyéndola?
3. ¿Debemos obedecer aquellas partes de la Biblia que hablan de matar animales cuando pecamos? ¿Por qué no necesitamos hacer esto?
4. ¿Por qué es importante que leamos estas partes de la Biblia?

ORACION:
Querido Señor Jesús, te damos muchas gracias por tu Santa Palabra, la Biblia. Gracias por decirnos en ella cómo pueden ser perdonados nuestros pecados. Ayúdanos a leerla todos los días y a obedecerla. Te lo pedimos en tu nombre. Amén.

UN HIMNO QUE CANTAR:
"Padre, tu Palabra es"

38

¿QUE QUIERE DIOS QUE YO HAGA?

Y A HEMOS APRENDIDO que lo más importante que un niño puede hacer es obedecer a Dios. Esa es la única manera en que podemos ser realmente felices.

Tal vez ustedes están preguntándose: "¿Cómo puedo saber las cosas que Dios quiere que yo haga?" Para saber lo que Dios quiere, deben

preguntárselo. Pero, ¿les responderá? Sí, seguramente, y con mucho gusto.

Tal vez será difícil al principio saber cómo
pedirle y cómo escuchar su respuesta. No es como
pedirle algo a mamá o a papá. A ellos podemos
verlos y los podemos oir cuando nos hablan. Pero
a Dios no podemos verlo ni tampoco podemos oir
el sonido de su voz. ¿Cómo entonces podemos saber
lo que El quiere?

Esa no es una pregunta difícil cuando pensamos
en ella un poco. ¿Pueden pensar en alguna manera
de saber lo que quieren personas que viven muy
lejos de nosotros? Recuerden que dijimos que una
manera es recibir cartas de ellas. El cartero trae
las cartas, nosotros las leemos, y entonces sabemos lo que está pensando el otro y si quiere que
hagamos algo por él.

Dios nos ha escrito una carta muy larga. La
Biblia es la carta de Dios. Cuando la leemos
descubrimos que no es como la mayoría de las
cartas. Es mucho más larga y nos habla de muchas
cosas diferentes; y nos dice cientos de cosas que

Dios quiere que hagamos o que no quiere que hagamos.

Esa es la razón por qué es tan importante que leamos nuestra Biblia.

Hay otra manera por la cual nos ayuda Dios a saber lo que quiere. Dios quiere que hagamos las cosas buenas y no las malas. Generalmente podemos saber sin mucha dificultad si una cosa es buena o mala.

Dios ha puesto dentro de nosotros algo que nos hace sentir mal y sin alegría o descontentos cuando nos ponemos a pensar en las cosas malas o las hacemos. De modo que si ustedes están pensando hacer algo y se sienten así, es que Dios les está hablando y diciéndoles que no lo hagan. A veces decimos que eso que se siente es la voz de Dios en nuestro corazón. A veces lo llamamos nuestra conciencia.

Otra manera de saber cómo obedecer a Dios y lo que El quiere que hagamos, es por preguntarle a papá o a mamá, y luego obedecer.

Ustedes pueden estar seguros de esto, que si son cristianos y aman al Señor Jesús, si quieren obedecer a Dios y hacer lo que El desea, Dios mismo les ayudará a descubrir cuáles sean sus deseos.

Un niñito quería hacer la voluntad de Dios. Quería crecer para ser precisamente lo que Dios quería que fuera. Pensaba que Dios quería que él se hiciera doctor o bombero. Se propuso preguntárselo a Dios mismo. Oró y le pidió a Dios que lo ayudara a saber. Dios oyó la oración del niñito, pero no le mandó un ángel para darle la respuesta. En vez de eso dejó que el niño pensara en el asunto durante varios años mientras asistía a la escuela; y mientras más pensaba y oraba, más seguro estaba de que Dios quería que fuera un doctor, y un doctor misionero. Dios estaba hablando a aquel niño por medio de su mente.

Algunas veces Dios puede hablarles a ustedes de esa manera. No necesita enviar a un ángel. El puede ayudarnos a decidir lo que es mejor, y luego lo que decidamos será el plan de Dios para nosotros.

* * * * *

ALGO QUE LEER DE LA BIBLIA:
Génesis 24:34-48

PREGUNTAS:

1. ¿Qué les gustaría que les dijera Dios?
2. ¿Necesitará Dios enviar un ángel para decírselo?
3. ¿Cuáles son algunas de las maneras que El usa para decirnos cuál es su voluntad?
4. ¿Siempre nos oye Dios cuando oramos?

ORACION:

Dios Todopoderoso y Padre de aquellos que ponen su confianza en tu Hijo Jesús, te damos gracias porque has respondido a todos los que han pedido de Ti sabiduría. Te damos gracias porque nos muestras tu voluntad. Ayúdanos como tus hijos a descubrir tu voluntad para nuestra vida. Te lo pedimos en el nombre de Jesús. Amén.

UN HIMNO QUE CANTAR:

¡Cuán dulce el nombre es de Jesús
Siempre al creyente fiel!
Consuelo, paz y plena luz
Se hablan sólo en El.

39

¿POR QUE LOS CRISTIANOS NO ESTAN DE ACUERDO?

UNA MADRE LES DIJO a sus dos hijos: "Por favor vayan a comprarme el pan mientras yo voy a arreglar el jardín." Los niños muy contentos montaron sus bicicletas y se fueron a la tienda. Pero precisamente cuando iban a comprar el pan, comenzaron a discutir. Uno de ellos decía que su mamá les había encargado pan negro; el otro aseguraba que lo que quería era pan blanco;

uno creía que les había encargado una pieza de quince centavos, y el otro decía que no, que una de veinte. Y discutieron tanto, que la gente que estaba en la tienda se quedaron sorprendidas y lo sintieron mucho.

Eso es algo semejante a lo que sucede con algunas cosas que dice la Biblia. La Biblia nos dice, por ejemplo, que los cristianos deben bautizarse. Pero, ¿qué es lo que se quiere decir por bautizarse? No todos los cristianos piensan lo mismo sobre esto. Algunos creen que los niños pequeñitos deben ser bautizados. Otros dicen que no, que los niños no deben ser bautizados hasta que tengan la edad necesaria para conocer al Señor Jesús y le hayan aceptado como su Salvador.

Algunos piensan que el bautismo debe hacerse rociando el agua sobre la cabeza de la persona; pero otros dicen que debe hacerse metiendo todo el cuerpo de la persona en el agua.

Hay también diferentes opiniones sobre la manera de recordar la muerte de Jesús por nosotros cuando celebramos la Cena del Señor, o la Comunión, como a veces se le llama.

Y por eso la gente que cree de tan distintos modos necesita asistir a iglesias diferentes, que llevan nombres distintos como Bautista, Presbiteriana, Metodista, de los Discípulos, Luterana, Pentecostés, Bíblica, Episcopal, y muchos otros nombres.

No todas estas diferentes ideas pueden ser buenas. Algunas de estas personas están equivocadas en lo que piensan que Dios quiere. Pero en todas estas diferentes clases de iglesias hay una cosa importante en la que creemos todos los que somos cristianos; esa cosa importante es que el Señor Jesús es el único que puede perdonar nuestros pecados y salvarnos para siempre. Y eso es lo más importante de todo.

Las diferentes iglesias están formadas de personas que aman al Señor; y todos los que aman al Señor, aunque no puedan estar de acuerdo en lo que la Biblia enseña sobre muchas cosas, pertenecen a El. La única cosa que entienden es el amor de Dios, que El ha hecho posible para ellos el perdón de sus pecados y que ellos le han aceptado como su Salvador.

Siento tener que decir que hay algunas iglesias que no creen mucho de lo que dice la Biblia y que no están de acuerdo con otros cristianos aun en las cosas importantes. Por cierto, estas no son iglesias verdaderas aunque se llamen así, y la mayoría de los que asisten a tales iglesias no son cristianos, porque no han entendido que Jesús murió por ellos.

A veces ciertas personas que van a las iglesias donde se ama al Señor Jesús, dicen que son cristianas, pero no le aman realmente. No entienden el perdón de Dios por medio de la muerte de Jesucristo, pero les gusta la iglesia porque su papá o su mamá era miembro, y porque creen que asistiendo a la iglesia pueden ir al Cielo. Necesitamos orar por tales personas y tratar de ayudarles a entender más sobre el camino de salvación de Dios.

Hace muchos años, cuando el rey de Italia visitaba una de sus ciudades, los nueve ministros protestantes le preguntaron si podían verle. Al joven rey le agradó mucho aquello, pero se quedó muy sorprendido cuando los recibió al descubrir que uno era metodista, otro bautista, el tercero presbiteriano, y así los demás.

"No entiendo," dijo el rey, "cómo pueden todos ustedes ser ministros del mismo Evangelio y tener tantas diferencias."

Uno de los ministros le respondió: "En el ejército de usted hay muchos regimientos donde un uniforme diferente recibe diferentes nombres, pero todos están bajo un solo comandante en jefe y siguen una sola bandera. En la misma forma nosotros estamos divididos en varias iglesias, pero reconocemos como único Jefe a Jesucristo; y nuestra bandera es el Evangelio de nuestro Señor crucificado y resucitado."

El rey les dijo entonces: "Gracias por su explicación. Ustedes me han hecho comprender que aunque hay diferencias entre ustedes en las cosas pequeñas, están de acuerdo en las más importantes."

*   *   *   *   *

ALGO QUE LEER DE LA BIBLIA:
Romanos 14:1-13

PREGUNTAS:

1. ¿Por qué pelearon los dos niños?
2. ¿Cuáles son algunas de las cosas en que los cristianos no están de acuerdo?
3. ¿Cuál es la cosa importante sobre la cual todos los verdaderos cristianos están de acuerdo?
4. ¿Qué es un cristiano?

ORACION:

Padre Todopoderoso que estás en el Cielo, te damos gracias porque Tú estás lleno de bondad para todos los que quieren obedecerte. Ayúdanos a descubrir lo que es bueno al leer tu Palabra y a mostrarnos llenos de bondad con los otros cristianos que no entienden las cosas del mismo modo que nosotros. En el nombre de Jesús. Amén.

UN HIMNO QUE CANTAR:

Un hombre de noche llegó a Jesús,
Buscando la senda de vida y luz,
Y Cristo le dijo: "Si a Dios quieres ver,
Tendrás que renacer."

¡Tendrás que renacer!
¡Tendrás que renacer!
De cierto, de cierto te digo a ti:
"Tendrás que renacer!"

40

¿QUE SIGNIFICA PERDONAR?

J ESUS NOS DICE que perdonemos a los que tratan de hacernos daño y no simpatizan con nosotros.

Perdonar a alguien significa que no debemos enojarnos con los que nos han hecho algo malo o nos han ofendido de alguna manera.

Si alguno te pega, ¿le pegarás tú también? No, si le perdonas. Si le perdonas, le sonreirás en vez de devolverle el golpe. La Biblia nos dice repetidas veces que perdonemos a aquellos que tratan de hacernos mal.

Jesús nos dice que Dios nuestro Padre es bueno con los que son sus enemigos y que nosotros también debemos serlo con nuestros enemigos.

Un día un misionero estaba predicando en la calle a gente que no sabía nada del Señor Jesús y que no le amaba. Uno de los hombres se acercó al misionero por detrás, le pegó en la cabeza con un gran palo y lo hizo caer al suelo. Los demás que oían al misionero se disgustaron, agarraron al hombre del palo y llamaron a un policía para que se lo llevara a la cárcel, pero el misionero les dijo: "No." Todos se quedaron muy sorprendidos y le dijeron: "El le hizo daño; ahora lo tiene que pagar."

"No," respondió el misionero; "porque Jesús, del que yo les estoy hablando, me ha dicho que sea bueno con los que me hacen mal y que los perdone." Entonces el misionero le dijo al hombre que le había pegado: "Te perdono, pero recuerda siempre que debes tu libertad a Jesús quien me dijo que no me enojara contigo." Y el policía dejó libre al hombre.

Los demás apenas podían creerlo, pero pensaron que Jesús debía ser una persona maravillosa y se alegraron de oir del misionero más acerca de El.

¿Qué hubiera pasado si el misionero se hubiera enojado con aquel hombre? Probablemente la gente no le hubiera escuchado más. Hubieran pensado que de nada le sirve a una persona ser cristiano, porque se comporta igual que los que no lo son.

Cuando alguien te hace mal, ¿sabes qué conviene hacer? Si alguien dice algo malo de ti, ¿qué puedes hacer tú? Es muy fácil enojarse por ello, pero Jesús puede ayudarnos a no hacer caso. En vez de enojarnos, podemos sonreir si pensamos mucho en Jesús durante el día. El está con nosotros todo el tiempo y podemos hablar con El. El nos hace felices de modo que no nos enojamos con las gente a quien El ama, aun cuando tales personas no sean buenas con nosotros.

*   *   *   *   *

ALGO QUE LEER DE LA BIBLIA:

Mateo 18:21-35

PREGUNTAS:

1. Si alguien nos hace mal, ¿cuál es la mejor manera de devolverle el mal?
2. Si perdonamos a alguno, ¿desearemos hacerle mal por lo que nos ha hecho?
3. ¿Cuántos pecados nos ha perdonado Jesús?

ORACION:

Nuestro Padre Celestial, te damos gracias por el perdón de nuestros pecados, porque Tú nos has perdonado muchos. Ayúdanos ahora a perdonar a aquellos que tratan de hacernos mal. Ayúdanos a amarlos y ayudarlos a que te conozcan. En el nombre de Jesús. Amén.

UN HIMNO QUE CANTAR:

Iglesia de Cristo, tu santa misión
Es dar el mensaje de paz y perdón.
No calles, derrama torrentes de luz,
Mostrando a los pueblos a Cristo Jesús.

41

UN PREMIO PARA TI EN EL CIELO

T E GUSTA GANAR PREMIOS? ¿Has tomado parte en alguna carrera donde se dan como premio listones a los que ganan?

¿Has tenido noticia de un premio que Jesús te va a dar? No me preguntes qué clase de premio, porque yo no lo sé. Va a ser una sorpresa, una sorpresa muy hermosa de Dios mismo para su querido hijo.

213

Yo puedo decirte, sin embargo, cómo puedes ganar ese premio. Ganamos ese premio o recompensa por las cosas buenas que hacemos como cristianos mientras estamos aquí en la tierra. Cada vez que los muchachos cristianos ayudan a mamá y a papá, Dios prepara una recompensa para ellos. Pero cada vez que los desobedecemos, o no somos buenos, o hacemos otras cosas malas, Dios se siente ofendido.

¡Cuán importante es la manera en que vivimos aquí! Nosotros vivimos en este mundo sólo por unos cuantos años. Tal vez nos parezca que vivir sesenta o setenta años es mucho tiempo, pero no es mucho cuando pensamos en que los hijos de Dios vivirán para siempre con El en el Cielo. La recompensa que Dios está preparando para ti durará siempre y te hará muy feliz. ¡Qué triste te sentirás si vas al Cielo y te encuentras con que tu recompensa es muy pequeña! Entonces desearás mucho poder volver a la tierra para intentar tener un premio mejor. Entonces será demasiado tarde; pero ahora no lo es; tienes por delante toda tu vida y puedes emplearla toda para el Señor Jesús.

¡Qué feliz te sentirás entonces, al llegar al Cielo, de haber decidido vivir desde ahora por Jesús!

Una vez un hombre fue al hogar de un amigo para platicar sobre el trabajo. Los dos entraron en un cuarto donde había otras dos personas sentadas quietamente a la mesa. Aquel hombre y su amigo hablaron durante mucho tiempo sobre el trabajo. Finalmente, cuando habían dicho todo lo que tenían que decir, el dueño de la casa le dijo a su amigo: "Siempre que hablo con alguien sobre mi trabajo, traigo a personas que escuchen la conversación y escriban todo lo que se dice. Estos dos hombres sentados a la mesa han estado escribiendo todo lo que yo he dicho y todo lo que usted ha dicho; ahora les pediremos que nos lean toda nuestra discusión para que no haya ningún mal entendimiento."

El visita se quedó muy sorprendido. No sabía que aquellos dos hombres lo estaban escribiendo todo. De haberlo sabido, hubiera sido más cuidadoso al hablar, porque no deseaba que otras personas supieran de algunas cosas. Pero ya era tarde.

Cuando lleguemos al Cielo serán abiertos los

libros en que estarán escritas todas las cosas que hemos dicho y hecho. Jesús decidirá la recompensa que tiene que darnos. Y habrá algunas sorpresas. Algunas personas que creen que han hecho mucho por Dios, descubrirán que todo lo que hicieron fue de muy poco valor porque no amaron a Dios como debían. Y otras, en cambio, tendrán un premio mucho más grande de lo que esperaban.

No sabemos precisamente cómo será aquel juicio, pero sí sabemos que recibiremos premios, y que debemos tener mucho cuidado ahora para poder merecer nuestro premio entonces.

* * * * *

ALGO QUE LEER DE LA BIBLIA:
  1 Corintios 3:11-17

PREGUNTAS:
  1. ¿Qué clase de recompensa recibiremos cuando lleguemos al Cielo?
  2. ¿Quién nos dará la recompensa?
  3. ¿Cómo se decidirá la importancia de la recompensa que recibiremos?
  4. ¿Has hecho algo hoy que contribuya de alguna manera para tu recompensa, o que disminuya las posibilidades de recibirla?

ORACION:

Querido Señor Jesús, te damos gracias por el premio que Tú estás preparando para nosotros en el Cielo. Ayúdanos a amarte y a obedecerte para poder honrarte. Ayúdanos a pensar siempre en el gran premio que Tú quieres darnos. En tu nombre te lo pedimos. Amén.

UN HIMNO QUE CANTAR:

Cuando la trompeta suene
En aquel día final,
Y que el alba eterna rompa en claridad;
Cuando las naciones salvas a su patria lleguen ya,
Y que sea pasada lista, allí he de estar.

Cuando allá se pase lista,
Cuando allá se pase lista,
Cuando allá se pase lista,
A mi nombre yo feliz responderé.

42

EL DIA DEL SEÑOR

EL DOMINGO ES REALMENTE un día muy especial. Dios nos lo dio como un tiempo de descanso de las muchas tareas que necesitamos hacer todos los demás días. El domingo no tenemos que ir a la escuela, ni papá tiene que ir a trabajar. En vez de eso, podemos ir a la Escuela Dominical y al culto para unirnos con nuestros amigos en el canto y en la alabanza a Dios por todo su cuidado y su bondad.

Qué difícil nos sería el adorar a Dios como debemos si no tuviéramos a nuestro pastor para ayudarnos en los servicios de la iglesia el día domingo.

Dios quiere que nos reunamos con otros cristianos para cantarle y adorarle juntos; y esa es una de las cosas mejores que podemos hacer el domingo.

Es también el domingo el día cuando papá y mamá pueden pasar más tiempo con sus hijos para leerles algunas historias o narraciones extra cuando toda la familia está reunida.

El domingo no es un día para divertirse. Es para dedicar un tiempo especial para darle gracias a Dios, para adorarle y para recordarle. Eso no se puede hacer si ocupamos el día en trabajar o en jugar mucho. Cuando Dios hizo el mundo y todas las cosas, los hizo en seis días, y la Biblia nos dice que descansó el séptimo día, e hizo de tal día un día especialmente santo. Luego los judíos tuvieron un día de reposo o sábado, día de adoración y de ceremonias en el templo. Dios les ordenó: "Y acuérdense del día de reposo para santificarlo."

Los cristianos apartan el domingo, el primer día de cada semana, el día en que el Señor Jesús resucitó. En ese día nos reunimos para alabar y adorar a Dios y para contar a otros las buenas nuevas de que Jesús murió para salvarnos de nuestros pecados.

Un domingo por la tarde un ministro iba caminando de la iglesia a su casa. Por el camino pasó a un niñito que llevaba un rastrillo. Un poco después se le acercó un hombre en vestido de trabajo y le preguntó: "¿Ha visto pasar a mi niño por aquí?"

"¿Llevaba un rastrillo?" preguntó el ministro.

"Sí, es él," dijo el hombre.

"¿Es un niño de mala memoria?" preguntó el ministro.

El padre del niño se sorprendió y le dijo: "No creo que tenga mala memoria. No es fácil que se le olviden las cosas. ¿Qué le hizo pensar que tiene mala memoria?"

Entonces el ministro le respondió: "Sé que su hijo tiene mala memoria y pertenece a una familia de mala memoria también."

"¿Pero qué le ha hecho pensar a usted eso?" insistió el papá del niño.

"Lo creo así," dijo el ministro, "porque no ha recordado el día del Señor para santificarlo." Luego el ministro le explicó que Dios nos ha dado un día de cada siete para descansar y para tener tiempo de alabarle y de adorarle como debemos, por todo lo que El ha hecho por nosotros.

* * * * *

ALGO QUE LEER DE LA BIBLIA:
Isaías 58:13-14

PREGUNTAS:
1. ¿Cuál es una de las cosas mejores que podemos hacer el domingo?
2. ¿Es el domingo el único día en que debemos darle gracias a Dios, adorarle y recordarle?
3. ¿Puedes pensar en alguna razón por la que Dios quiere que descansemos el domingo?

ORACION:
Te damos gracias, nuestro Padre Celestial, por

darnos el domingo como un día especial. Ayúdanos a tener presente el santificarlo y a amarte más. En el nombre de Jesús. Amén.

UN HIMNO QUE CANTAR:

Cerca de ti, Señor, quiero morar;
Tu grande, tierno amor, quiero gozar.
Llena mi pobre ser, limpia mi corazón
Hazme tu rostro ver en comunión.

43

¿ESTAS ENOJADO CON DIOS?

HAY UNA PALABRA muy grande y muy difícil en la Biblia; es la palabra "reconciliación." Voy a decirles lo que quiere decir. Quiere decir que ustedes han estado enojados con alguien, pero que han dejado de pelear y están de nuevo contentos. Si otro niño les rompe alguno de sus juguetes, ustedes pueden ponerse tristes o enojados; pero si el niño dice que lo siente mucho y ustedes lo perdonan, pueden entonces volver a jugar con él llenos de alegría. Cuando eso sucede, decimos que ustedes se han reconciliado con el niño que les rompió el juguete.

¿Pero no les parecería extraño que el niño que les rompió el juguete siguiera enojado después de que ustedes le hubieran perdonado? Ustedes pensarían que por haberle perdonado se pondría muy contento, pero sucede algunas veces que aunque ustedes se sientan contentos con la persona que les ha hecho mal, esa persona no se siente lo mismo. Ustedes le aman, pero ella no les ama, aunque sean ustedes a quienes les ha hecho daño y ustedes ya le hayan perdonado.

Eso es lo que sucede entre un muchacho que no es cristiano y Dios. Por causa de las muchas cosas malas que el niño ha hecho, Dios ha estado enojado. Pero el Señor Jesús vino y murió, y Dios pudo perdonar a aquel niño. Ya no le era necesario a Dios estar enojado con él. Dios se ha reconciliado. Pero el problema está en que el niño no se ha reconciliado con Dios; es todavía desobediente y no está en amistad con Dios a pesar de que Dios quiere perdonarle. Quiere todavía pelear con Dios haciendo y diciendo lo que a él le da la gana, lo que a él le gusta.

Tal vez ese niño desobediente no comprende que a él no le gusta Dios. Si amara a Dios, no seguiría haciendo ninguna cosa que a Dios no le gusta.

Lo que necesita hacer el niño que no es cristiano es admitir que ha hecho muchas cosas malas y pedirle perdón a Dios en el nombre de Jesús. Cuando el muchacho hace eso, descubre que ya no está en desacuerdo ni pelea con Dios. Dios ya le ama, y ahora él ama a Dios y finalmente es feliz. Se ha reconciliado con Dios.

Una niñita dijo a su mamá: "Mamá, ¿soy cristiana? ¿Puedo saberlo por lo que siento?"

"Bueno, díme cómo te sientes," le dijo su mamá.

La niñita sonrió y le dijo: "Tú sabes qué contento se siente uno cuando ha peleado con alguna persona y todo se arregla. Bueno, parece como si yo hubiera estado enojada con Dios por mucho tiempo, pero ahora todo está arreglado y me siento muy contenta."

Aquella niñita se había reconciliado con Dios. ¿Te has reconciliado tú?

* * * * *

ALGO QUE LEER DE LA BIBLIA:

2 Corintios 5:17-21

PREGUNTAS:

1. ¿Qué significa la reconciliación?
2. ¿Cuándo quiere perdonar Dios tus pecados?
3. ¿Qué necesitamos hacer para ser perdonados?
4. ¿Te has reconciliado con Dios?

ORACION:

Querido Padre que estás en el Cielo, qué triste es que nosotros hayamos estado peleando contigo cuando Tú has sido tan bueno con nosotros. Perdónanos la manera tonta en que nos portamos, y ayúdanos a amarte porque Tú nos has amado tanto. En el nombre de Jesús te lo pedimos. Amén.

UN HIMNO QUE CANTAR:

¡El vino a mi corazón! ¡El vino a mi corazón!
Soy feliz con la vida que Cristo me dio,
Cuando El vino a mi corazón.

ASISTIENDO A LA ESCUELA DOMINICAL

POR QUE ES TAN IMPORTANTE ir a la Escuela Dominical y a la iglesia cada semana?

Es importante porque Dios quiere que nos reunamos con otros cristianos y hablemos de El y de todo lo que El ha hecho por nosotros, y que le adoremos todos unidos. Dios nos dice en la Biblia que no nos olvidemos de hacer esto. Si lo olvidamos y no vamos a la Escuela Dominical y a la iglesia, será muy difícil que sigamos amando a Jesús como debemos. Dios nos ha hecho de tal manera que necesitamos ayudarnos los unos a los otros.

Cuando ustedes van a la Escuela Dominical, pues, es importante que recuerden que Dios les pide que vayan allí para ayudar a sus amigos a amarle más a El. Al ir, ustedes aprenderán más de Jesús, pero no deben ir solamente para recibir ayuda de los demás, sino para ayudarles. Eso quiere decir que deben tener mucho cuidado en lo que hacen en la Escuela Dominical. Deben tener cuidado de respetar al maestro y de no hacer ruido innecesario, porque están en el lugar donde Dios está y han ido para adorarle y para aprender más de su gran Salvador.

Es también algo muy hermoso llevar a la Escuela Dominical a niños que no saben nada del Señor Jesús. ¿Tienen ustedes algún vecinito que no sabe mucho del Señor Jesús? Tal vez pueden invitarle a ir a la Escuela Dominical con ustedes, y esa será una de las maneras como él pueda descubrir cuánto le ama Dios.

La hora del culto es diferente de la de la Escuela Dominical y hay que estar mucho tiempo sentados y quietos. A veces los niños lo hallan difícil estar quietos y escuchar porque no entienden lo que el ministro está diciendo. Pero es muy bueno que oigan y gocen con lo que entienden y luego piensen en ello.

Una buena manera de prepararse para ir a la iglesia y a la Escuela Dominical, es pensar en ello antes de ir. Si ustedes recuerdan el sábado que "mañana es domingo y me toca ir a la Escuela Dominical y a la iglesia," entonces pueden orar por eso y pedirle a Dios que les ayude a aprender más de El. Entonces estarán mejor preparados para ir a adorarle el domingo en la mañana y no les será tan difícil estarse quietos.

Se cuenta de un niño que decidió no ir más a la Escuela Dominical. En vez de eso se ponía a jugar con sus juguetes o con otros niños que vivían cerca de él. Después de un poco de tiempo aquel niño olvidó que Dios le amaba y que lo observaba, y él y sus amigos se robaron una bicicleta. Alguien los vio y llamó a la policía.

Aquel niño fue llevado ante un juez, y el juez le dijo que debía comenzar a ir otra vez a la Escuela Dominical. "Si no vas," le dijo el juez, "probablemente robarás otras cosas y entonces te echaremos a la cárcel. Pero si vas, aprenderás mucho de Dios y no desearás robar, porque El no quiere que lo hagas."

Pasados los años, cuando el niño ya era hombre, encontró al juez y le dijo: "Le estoy muy agradecido por lo que usted me dijo aquel día. Volví a la Escuela Dominical y acepté al Señor Jesús como mi Salvador. Si usted no me hubiera hablado en esa forma, podría estar en la cárcel hoy."

Estoy seguro que aquel niño estaba contento más que nada porque en la Escuela Dominical encontró a Jesús.

*   *   *   *   *

ALGO QUE LEER DE LA BIBLIA:

Hebreos 10:24, 25

PREGUNTAS:

1. ¿Puedes decir dos razones por ir a la Escuela Dominical?

2. ¿En qué forma el que tú vayas a la Escuela Dominical ayuda a los otros niños de tu clase?

3. ¿Por qué sirve de ayuda el pensar el sábado en ir a la Escuela Dominical?

4. ¿Debemos ir a la Escuela Dominical si no vamos a estar quietos y a respetar a nuestros maestros?

ORACION:

Nuestro Padre, te damos gracias porque hay tantos cristianos con los cuales podemos hablar. Te damos gracias por nuestros maestros de la Escuela Dominical y por el pastor de nuestra iglesia. Bendíceles y ayúdales al prepararse para enseñarnos el próximo domingo. Ayúdanos a gozar con lo que se diga y a entender lo que Tú nos dices por medio de ellos. Te lo pedimos en el nombre de Jesús. Amén.

UN HIMNO QUE CANTAR:

Dad al Padre toda gloria,

Dad al Hijo todo honor;

Y al Espíritu divino

Alabanzas de loor.

Adoradle, adoradle,

Adorad al Salvador;

Tributadle toda gloria,

Pueblo suyo por su grande amor.

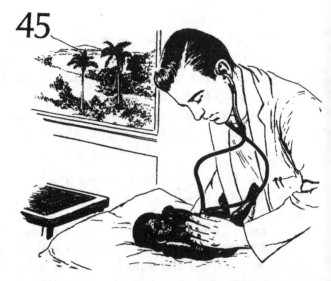

45

¿QUE VAS A SER CUANDO SEAS GRANDE?

TE HAS PREGUNTADO ALGUNA vez lo que debes ser cuando seas grande? Hay tantas cosas que podrías ser que probablemente no sabes cómo decidir cuál es la mejor.

Podrías ser doctor, o agricultor, o maestro, o mecanógrafo, o cientos de otras cosas. Pero hay Alguien que sabe exáctamente lo que tú debes ser.

Ese Alguien es Dios y El te dirá con todo gusto lo que debes ser cuando llegue el tiempo en que tú tengas que saberlo. No tienes, por lo tanto, que preocuparte por eso.

¿Cómo te lo dirá Dios? Hay muchas maneras como puede hablarte. Una de ellas es por medio de las capacidades que El te ha dado. Algunos muchachos son buenos jugadores de pelota y otros no; algunas muchachas cantan muy bien y otras no. Si Dios es el que te ha hecho, y no sirves para jugar pelota, entonces probablemente El no quiere que gastes tu vida como jugador de pelota. Pero tal vez en vez de poner en ti capacidades para jugar pelota te dio habilidades para ser un buen músico, para tocar el piano, el violín o la trompeta. O tal vez te hizo de tal manera que después de haber ido a la escuela el tiempo suficiente pudieras dedicarte a ser doctor o agricultor. Si tú descubres que Dios te ha hecho de tal modo que quisieras ser agricultor, pero que no te gustaría ser doctor, entonces allí tienes una de las maneras como puedes saber que Dios probablemente no quiere que seas doctor.

Es una buena idea pensar sobre las muchas clases de trabajo que hay que hacer, y luego pensar en la que te gustaría. A medida que vayas creciendo es muy probable que te vaya gustando más determinada cosa. Dios te dirá entonces, si se lo pides, si eso que te ha gustado más es lo mejor para ti.

Algunos muchachos y muchachas parece que saben siempre lo que quieren ser a medida que van creciendo, pero otros no lo saben hasta que han pasado muchos años y han terminado su preparación en la escuela. Algunas veces Dios quiere que las personas esperen hasta que ya sean grandes para decirles lo que deben ser.

Si tú quieres que Dios te diga qué vas a hacer en la vida, entonces puedes estar seguro de que te lo dirá. Cuando llegue el tiempo lo sabrás, si estás confiando en El.

Un niñito que solamente tenía seis años le dijo a su papá: "Papacito, cuando sea grande voy a ser un doctor y un misionero. Voy a ir al Tibet a ayudar a aquella gente a que conozca al Señor Jesús."

Y su papá le dijo: "Eso está muy bien."

Pasaron los años; aquel niño terminó la escuela secundaria, luego el colegio superior, y al fin fue a la escuela de medicina donde terminó sus estudios de médico cirujano. Cuando ya fue doctor trató de ir al Tibet, pero el Señor le dijo que fuera al Africa. Y allí está hasta ahora curando enfermos, pero está haciendo algo más. Está hablándoles de Jesús para que de este modo gocen de la salud del alma. Cuando les da la medicina, les habla de su Señor, y muchos de ellos aceptan a Jesús como su Salvador.

* * * * *

ALGO QUE LEER DE LA BIBLIA:

1 Corintios 12:12-31

PREGUNTAS:

1. ¿Cómo nos ayuda Dios a descubrir lo que El quiere que seamos?
2. ¿Permitirá Dios que nos equivoquemos si le pedimos ayuda?
3. ¿Cómo podremos descubrir las diferentes clases de trabajo que hay?

ORACION:

Señor Jesús, yo sé que Tú tienes una tarea especial

235

que quieres que yo haga, y yo quiero hacerla. Enséñame lo que voy a ser cuando sea grande. No necesito saberlo ahora, pero cuando llegue el momento, confío en que Tú me lo dirás. Amén.

UN HIMNO QUE CANTAR:

Pronto la noche viene,
Tiempo es de trabajar;
Los que lucháis por Cristo
No hay que descansar;
Cuando la vida es sueño,
Gozo, vigor, salud,
Y es la mañana hermosa,
De la juventud.

46

¿QUIEN PUEDE HABLAR CON DIOS?

S I USTEDES FUERAN al Palacio donde está el Presidente de la República y quisieran hablar con él, ¿creen ustedes que sería fácil?

No, de ninguna manera. Necesitarían de una invitación especial porque el Presidente está demasiado ocupado y no tiene tiempo para hablar con todos los que quieren hacerlo. Es un gran privilegio poder hablar con el Presidente, y hay muy pocos que pueden hacerlo.

Dios es tanto más grande que el Presidente que pensaríamos que nadie pudiera hablar con El. Pero, aunque parezca raro, a Dios le agrada recibirnos y siempre está listo a invitarnos cuando lo queramos.

¿No sería emocionante visitar a Aquel que los hizo? ¿No sería maravilloso poder hablar con Uno que pudiera decirles todo lo que necesitan saber y ayudarles en todos sentidos? Estoy seguro de que ustedes se sentirían muy emocionados si recibieran una invitación para hablar con Alguien así. Pues eso es lo que sucede con Dios. El es el que ha hecho todas las cosas; el que ha colocado las estrellas en el cielo; el que quiere tomar la vida de ustedes para hacerla buena y útil. Y El nunca está demasiado ocupado para recibirles.

¡Ustedes pueden tener esta experiencia maravillosa y emocionante de hablar con Dios!

Si ustedes quieren visitarlo, pueden hacerlo ahora mismo. Cierren los ojos, inclinen la cabeza, y piensen en Dios y en lo mucho que El los ama.

Luego háblenle de muchas cosas. Primero pueden darle gracias por lo bueno que ha sido con ustedes; por haber mandado al Señor Jesús para morir por los pecados de ustedes; por los vestidos que los abrigan y por sus padres y demás familiares. Pueden darle gracias también porque tienen la oportunidad de ir a la escuela cuando muchos niños de otros lugares no pueden hacerlo.

Luego tal vez quieran ustedes pedirle algo, porque a El le gusta que le pregunten y le pidan. Pídanle que bendiga a papá y a mamá, y que cuide a los misioneros y los ayude en su trabajo.

¿Los oirá Dios? Seguro que sí. El está aquí con nosotros y sabe todo lo que dicen. El sabe también todo lo que están pensando. No necesitan ni siquiera decir las palabras en voz alta cuando hablan con Dios, porque El puede oírlos cuando ustedes hablan en su corazón.

A Dios le gusta que ustedes vengan y hablen con El si son sus hijos. El es su Padre y su Amigo; por eso háblenle y díganle todo lo que quieran sobre sus necesidades y dificultades, y denle gracias por ser tan bueno con ustedes.

Un muchacho llamado Juan perdió sus lentes un día y no podía encontrarlos. Anduvo por toda la casa, revolvió todas las cosas, pero los lentes no parecían por ninguna parte.

Entonces su hermana Catalina le dijo: "Juan, yo conozco a Alguien que sabe donde están tus lentes."

Y Juan le dijo: "¿Quién es? ¿Acaso eres tú? ¿Me los has escondido tú?"

"No," le respondió Catalina; "Dios es el que sabe donde están porque El los está viendo. Si tú le pides que te diga dónde están, El puede decírtelo."

"¡Qué buena idea!" dijo Juan. "¿Me ayudarás a hablarle?"

Entonces los dos niños se arrodillaron y oraron. Juan dijo: "Señor Jesús, Tú sabes en donde están mis lentes, ¿quieres ayudarme a encontrarlos?"

Y Catalina dijo: "Señor Jesús, Tú estás mirando en este momento los lentes de Juan, y Tú puedes decirnos dónde están para que los veamos también. Ayúdanos por favor a encontrar los lentes de Juan."

Pasaron dos semanas y los lentes seguían

perdidos. Entonces la mamá de Juan dijo: "Creo que tendremos que comprar otros; espero que no costarán mucho."

Aquella tarde, al estar jugando los niños en el lugar donde su papá guardaba el automóvil, se les ocurrió subir a la parte alta; pusieron la escalera y se subieron; y se llevaron la gran sorpresa, porque allí estaban los lentes de Juan, llenos de polvo.

Esta historia es verídica, aunque los nombres que hemos usado para los niños no son los mismos. Hay uno o dos detalles que también son diferentes. Cómo fueron a dar allí los lentes, nadie lo sabe; pero Dios sí sabía dónde estaban y se los mostró a los niños.

* * * * *

ALGO QUE LEER DE LA BIBLIA:

Hebreos 4:16

PREGUNTAS:

1. ¿Podemos ir a hablar con el Presidente cuando queramos?
2. Menciona algunas maneras en que Dios es mucho más grande que el Presidente o que cualquier otra persona.

3. ¿Con qué frecuencia podemos ir y hablar con Dios? ¿Por qué?

4. ¿Cuáles son algunas de las cosas que debemos decirle a Dios?

ORACION:

Señor Jesús, te damos gracias porque podemos acudir a Ti en todo tiempo para hablar contigo sobre nuestros problemas. Enséñanos a orar y ayúdanos a recordar lo grande y lo bueno que eres Tú. Te damos gracias por ello. Amén.

UN HIMNO QUE CANTAR:

¡Oh qué amigo nos es Cristo!
El llevó nuestro dolor,
Y nos manda que llevemos
Todo a Dios en oración.
¿Vive el hombre desprovisto
De paz, gozo y santo amor?
Esto es porque no llevamos
Todo a Dios en oración.

47

¿QUIEN HIZO TODAS LAS COSAS?

HAN HECHO USTEDES ALGUNA vez cosas de barro o de lodo? Es divertido tratar de hacer con el barro algo parecido a las casas o a los perros verdaderos. Pero, ¿han tratado ustedes de hacer con barro un perro verdadero? Claro que nunca podrían hacerlo, porque solamente Dios puede hacer cosas que tengan vida.

243

¿Cómo comenzó la vida? ¿De dónde vino el primer perro? ¿Cómo se formó el mundo? La Biblia nos dice sencillamente que Dios hizo todas las cosas y nos las dio. Ustedes y yo sabemos que solamente Dios podía hacer esto.

Sin embargo, hay gente muy inteligente que dice que no saben cómo se formó el mundo. Dicen que Dios no hizo la vida; sencillamente la vida se hizo sola. Piensan que hace millones de años una cosita demasiado pequeña para verse, de pronto tuvo vida y comenzó a crecer. Y no fue Dios el que le dio vida, dicen, porque no hay Dios. ¡Qué extraño que digan eso! Tales personas dicen que no saben cómo empezó la vida, pero afirman que Dios no la hizo. Tales personas, aunque son muy inteligentes en otros sentidos, son demasiado tontas cuando se trata de saber cómo comenzaron todas las cosas.

La Biblia nos dice que después de que Dios hizo el mundo, tomó polvo de la tierra, formó el cuerpo de un hombre y luego sopló en él el aliento de la vida.

Solamente Dios puede dar esta vida.

Dos amigos, el señor Sánchez y el señor Medellín, iban por la playa pisando la arena mojada. El señor Sánchez dijo: "Yo no creo que podamos saber con toda certeza si Dios hizo el mundo o no." En ese momento llegaron a donde estaba la huella de un pie sobre la arena, y el mismo señor Sánchez dijo: "Alguien ha estado caminando por aquí esta mañana."

Entonces el señor Medellín le dijo: "¿Pero, cómo puede estar usted tan seguro?"

"No sea tonto," le respondió el señor Sánchez; "aquí hay algunas huellas de pies; alguien debió haber dejado esas huellas en la arena."

"Así es," dijo el señor Medellín. "Y nosotros podemos saber que el mundo fue hecho por Dios, porque los árboles, las flores, el sol y la lluvia son las huellas que El ha dejado para decirnos que ha estado aquí."

*   *   *   *   *

ALGO QUE LEER DE LA BIBLIA:
   Génesis 1:1-23
PREGUNTAS:
   1. ¿Alguien ha podido hacer a una persona viva?
   2. ¿Cómo es que hay estrellas en el cielo?

3. ¿Por qué crees tú que algunas personas no quieren creer que Dios las hizo?

ORACION:

Nuestro Padre que estás en el Cielo, te damos gracias porque has hecho las estrellas y todo lo que es bueno. Te damos gracias por darnos nuestro cuerpo y nuestra vida. Te damos gracias por permitirnos ir a vivir contigo en el Cielo para siempre, y por Jesús que hizo posible esto. En el nombre de Jesús. Amén.

UN HIMNO QUE CANTAR:

El mundo entero es del Padre celestial;
Su alabanza en la creación
Escucho resonar.
¡De Dios el mundo es!
¡Qué grato es recordar
Que en el autor de tanto bien
Podemos descansar!

48

EL DECIR MENTIRAS

L ES SORPRENDE SABER que hay algo que Dios aborrece? Generalmente pensamos en Dios como un Dios de amor, y lo es. Pero es también Alguien que aborrece las mentiras. Así pues, que ni ustedes ni yo digamos mentiras nunca.

Dios quiere que sus hijos digan siempre la verdad; que sean honrados. Dios no quiere que sus hijos sean tramposos y engañadores. Quiere, por el contrario, que sean muchachos de cuya palabra se pueda depender. Quiere muchachos que cuando digan que van a hacer algo, lo hagan; que si dicen que no van a contar un secreto, cumplan su palabra, no importa cuánto les gustaría contarlo ni tampoco cuánto les rueguen que lo hagan.

¿Pero si decimos siempre la verdad no tendremos dificultades algunas veces? ¡Por supuesto que sí! Si hacen algo malo, y cuando se les pregunta lo que hicieron ustedes lo confiesan, se exponen a que los castiguen. Pero es mucho mejor ser castigado por hacer algo malo que decir una mentira. Si dicen una mentira, habrán hecho dos cosas malas en vez de una, y Dios debe castigarlos por las dos. Y el ser castigado por Dios por dos cosas es mucho peor que ser castigados por nuestros padres por una sola.

Los muchachos de quienes se sabe que siempre dicen la verdad, pase lo que pase, son los muchachos que, al convertirse en hombres y mujeres, tienen toda la confianza de los demás. Los demás se dan cuenta de que aman la verdad, y entonces los prefieren en los mejores empleos porque tienen la confianza de que no los engañarán.

Un muchacho llamado Santiago quería ir a un campamento cristiano de verano, pero no tenía suficiente dinero. Así que se propuso conseguir el dinero diciendo una mentira. Fue a ver al pastor de su iglesia y le dijo: "Pastor, mi tío me mandó dinero para que pudiera ir al campamento la semana que entra, pero el dinero se ha perdido en el correo y todavía no me llega."

"Es lástima," dijo el pastor. "Tal vez podamos conseguir en alguna parte el dinero que necesitas para ir al campamento. Sería una lástima que no fueras sólo porque tu dinero no te ha llegado."

El pastor habló con una persona de la iglesia y consiguió el dinero. Santiago se fue al compamento, pero por alguna razón no estaba contento. Cuando oraba, parecía que no oraba; cuando jugaba, parecía que no jugaba. La dificultad estaba en que siendo un muchacho cristiano había dicho una mentira, y Dios aborrece las mentiras. Dios ya lo estaba castigando haciendo que no se sintiera feliz. Finalmente se sintió tan mal, que los encargados del campamento pensaron que sería mejor mandarlo a su casa.

Cuando ya estaba en su casa, lo visitó el pastor y le dijo: "Siento mucho que estés enfermo, Santiago."

Entonces Santiago comenzó a llorar y le contó al pastor todo. El pastor se quedó sorprendido y triste por lo que Santiago había hecho. Entonces Santiago dijo algo que es muy cierto:

"Pastor, Dios no necesitaba que yo dijera mentiras por El para ayudarle a que me llevara al campamento. El podía haber mandado el dinero de otra manera si hubiera querido que yo fuera y si yo se lo hubiera pedido. Siento mucho que le dije a usted una mentira."

"Así es," dijo el pastor. "El Señor nunca quiere esa clase de ayuda."

Al año siguiente Santiago fue al campamento, pero no dijo ninguna mentira para ir. Trabajó mucho durante el año, ahorró el dinero que necesitaba, y fue muy feliz en el campamento. Y Santiago decidió que nunca diría otra mentira.

* * * * *

ALGO QUE LEER DE LA BIBLIA:

Efesios 4:25; Colosenses 3:9; Juan 8:44

PREGUNTAS:

1. ¿A quién le gusta que los muchachos digan mentiras?

2. A veces hay personas que consiguen lo que quieren mintiendo y nunca saben los demás que les dijeron mentiras. ¿Creen ustedes que en algunos casos vale la pena mentir? ¿Por qué, o por qué no?

3. ¿Nos perdonará Dios si hemos dicho una mentira? ¿Qué debemos hacer?

ORACION:

Nuestro Dios y Padre Celestial, te confesamos que hemos hecho muchas cosas malas y que hemos dicho mentiras. Lo sentimos mucho y te rogamos que nos ayudes a decir siempre la verdad aunque sea muy difícil hacerlo. Te damos gracias por este favor tuyo. En el nombre de Jesús. Amén.

UN HIMNO QUE CANTAR:

"Debo Ser Fiel"

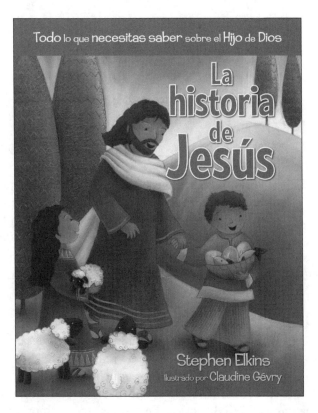

La historia de Jesús presenta a los niños la vida, la enseñanza, los milagros y el amor increíble de Jesús. A menudo, los niños saben de Jesús, pero no tienen una relación personal con Él. Este libro ofrece a los niños "todo lo que necesitan saber sobre el Hijo de Dios" y les alienta a tener una relación de por vida con el Señor. El libro se divide en seis partes: Quién, Qué, Dónde, Cuándo, Por qué y Cómo, ofreciendo explicaciones claras y de fácil comprensión para los pequeños. Proporciona respuestas a preguntas como ¿quién es Jesús?: Jesús es el Hijo de Dios y es también mi amigo. ¿Dónde está Jesús? Él vive en el cielo, pero también en mi corazón. ¿Cómo actúa Jesús? Actúa con bondad y perdón, y quiere que yo sea como Él. ¡Se trata de un libro imprescindible para todos los niños!

ISBN: 978-0-8254-1241-7

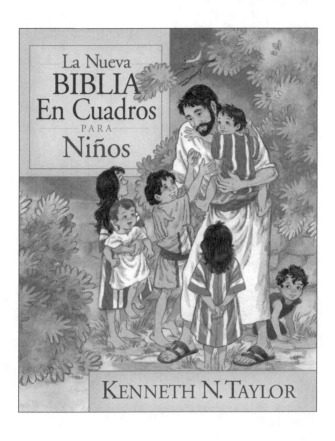

La Nueva
BIBLIA
En Cuadros
PARA
Niños

KENNETH N. TAYLOR

Los niños y sus padres disfrutarán mucho las nuevas y hermosas ilustraciones en esta edición. Sin duda uno de los mejores libros para niños de nuestro tiempo.

ISBN: 978-0-8254-1709-2

Disponible en su librería cristiana favorita o en www.portavoz.com

La editorial de su confianza

En este libro encontrará todas las historias de la Biblia conocidas y apreciadas vueltas a contar para los niños de hoy.

ISBN: 978-0-8254-1383-4

Disponible en su librería cristiana favorita o en www.portavoz.com

La editorial de su confianza

De los programas más populares de la Hora bíblica radial de los niños se hantomado las historias que componen estos devocionales, cada uno para todo un año.

ISBN: 978-0-8254-1123-6 / Tomo 1

ISBN: 978-0-8254-1113-7 / Tomo 2

EL PROGRESO DEL PEREGRINO Ilustrado

La obra clásica de Juan Bunyan es una fascinante alegoría de nuestra peregrinación a la gloria magistralmente presentada por medio de personajes como Cristiano, Fiel, Ignorancia, Formalista, Hipocresía, Esperanzado, Prudencia y otros, con los cuales nos podemos identificar en algún momento de nuestra vida. Esta famosa obra ha sido ilustrada para hacerla especialmente atractiva y facilitar la comprensión del mensaje.

ISBN: 978-0-8254-1096-3

Disponible en su librería cristiana favorita o en www.portavoz.com

La editorial de su confianza